向管资本转型：内涵与路径

罗新宇 ◎ 著

上海人民出版社

目 录

序　言

习近平总书记指出，国有企业是中国特色社会主义的重要物质基础和政治基础，是党执政兴国的重要支柱和依靠力量。作为“共和国的长子”，国有企业伴随着新中国历经了70多载的风雨，在各个重大历史阶段都发挥了无可比拟的“压舱石”作用。改革开放以来，特别是党的十八大以来，国有企业投资、运营的质量和效益显著提高，企业创新能力、市场竞争能力，以及对国民经济的控制力、影响力在不断增强，一大批国有大型企业已跻身于世界一流或知名企业行列，为我国经济社会发展、科技进步、国防建设、民生改善作出了重大贡献。国有企业作为中国特色社会主义的重要物质基础和政治基础、作为我们党执政兴国重要支柱和依靠力量的地位更加巩固。

我国的国有企业是在旧中国经济技术极其落后的基础上起步的。新中国成立以来，国家通过没收官僚资本、改造民族资本的方法，迅速掌握了国民经济命脉，开始探索我国社会主义国有经济建设之路。随着国民经济的不断恢复和人民民主政权的不断巩固，国家不断增加固定资产投资，推动技术创新，改善产业结构和布局，使我国在较短时间内建立起了以重工业为中心的独立的、相对完整的、有相当规模和较高技术水平的工业体系。国有企业不仅为新中国产业体系的建立奠定了坚实基础，也为我国基本经济制度、政治制度建设奠定了坚实基础。

改革开放后，国有企业改革围绕“放权让利”逐步展开，国有企业布局也逐步向关系国家安全、国民经济命脉的能源、装备制造、高新技术产业等重要行业和关键领域集中，大多数国有企业实现了从计划经济体制下的传统国营企业向社会主义市场经济体制下的现代企业转变。1993 年 11 月，中共十四届三中全会提出“以公有制为主体的现代企业制度是社会主义市场经济体制的基础”，拉开了国有企业建立现代企业制度的序幕。全会闭幕后不久，《中华人民共和国公司法》开始实施，为国有企业建立现代企业制度、进行公司化改造提供了法律保障。以此为标志，我国国有企业改革进入探索制度创新的新阶段。1994 年，国家选出 100 家国有企业推进试点，探索建立“产权清晰、权责明确、政企分开、管理科学”的现代企业制度。1997 年 9 月，党的十五大和十五届一中全会提出：“用三年左右的时间，通过改革、改组、改造和加强管理，使大多数国有大中型亏损企业摆脱困境，力争到 2000 年底大多数国有大中型骨干企业初步建立现代企业制度”。一场意义深远的“改革脱困”攻坚战由此打响。通过“改革脱困”，上百万家国有、集体中小企业通过改制退出国有经济，根本性改变了国有经济的布局结构，虽然也随之产生了“下岗工人”等一系列的社会问题，但国有经济的战线大大收缩，布局机构得到优化，使得国有企业突破了改革瓶颈，大量解决了历史遗留问题，承受住了改革的风险，实现了改革的阶段性转换。

进入 21 世纪，国企改革的步调侧重点转向国有资产管理体制改革。2003 年，国务院国有资产监督管理委员会成立，中央、省、市三级国资监管机构陆续建立，国资监管进入“管人、管事、管资产”的新阶段。由国资委统一行使国有企业监督管理职权，为国有企业改革实现政企分开、政资分开、经营权和所有权分离提供了体制机制保障，基本结束了长期以来国有资产“多头共管、无人负责”的局面，使国有企业成为依法自主经营、自负盈亏、自担风险、自我约束、自我发展的独立市场主体。

进入新时代，以习近平同志为核心的党中央立足党和国家事业发展全局，对深化国资国企改革作出的重大部署，逐步建立和形成了由“管人、管事、管资产”转为“管资本为主”的“1+N”政策文件体系，推进国资委职能转变，确立新时代深化国企改革的重要突破口。2013 年，党的十八届三中全会通过了《中共中央关于全面深化改革若干重大问题的决定》，把国企改革列为重点改革之一，其中明确提出，要完善国有资产管理体制，以管资本为主加强国有资产监管，改革国有资本授权经营体制，组建若干国有资本运营公司，支持有条件的国有企业改组为国有资本投资公司。“管资本而不是管企业”将从根本上理顺长期困扰我们的政府、市场和企业的关系，化解体制转轨中的诸多矛盾。2015 年 9 月，党中央、国务院正式颁布了《关于深化国有企业改革的指导意见》，这是 21 世纪以来在国有企业改革方面制定规格最高的文件，是指导深化国有企业改革的纲领性文件，在国企改革发展史上具有重要里程碑意义。之后，各部门陆续出台了几十个相关配套文件，形成了深化国企改革的顶层设计和四梁八柱的“1+N”政策体系。随着“1+N”政策体系搭建完成，改革试点梯次展开，重大改革举措层层落地，国企创新活力迸发，制造出一大批大国重器，涌现出一大批大国工匠，一些龙头企业正在向世界一流企业迈进，国有企业改革取得了新的重大进展和历史性成就。2021 年，49 家国务院国资委监管的中央企业及子企业，33 家地方国资委监管的国有企业入围《财富》世界 500 强排行榜。排名前五的企业中，就有三家央企（国家电网有限公司排名第二、中国石油天然气集团有限公司排名第四、中国石油化工集团有限公司排名第五），充分发挥了国有企业表率作用。

70 多年沧海桑田，40 多年波澜壮阔，国企改革改变的是不再适应时代需要的陈旧的体制机制，不变的是国有企业对国家、对社会、对人民的使命和责任担当。党的十九大报告提出，深化国有企业改革，发展混合所有制经济，培育具有全球竞争力的世界一流企业。习近平总书记明确指出：“国有企业是壮大国家综合实力、保障人民共同利益的重要力量，必须理直气壮做强做优做大，不断增强活力、影响力、抗风险能力，实现国有资产保值增值。”国企改革再出发的号角已经吹响，“新时代要有新气象，更要有新作为”。相信在向“管资本”转型过程中，国有企业一定会一如既往地秉承实干精神，更好地促进中国经济高质量发展，以更加优异的成绩回答好国企改革这一“时代大考”，为全面建成社会主义现代化强国的第二个百年奋斗目标展现新作为、作出新贡献。

前　言

党的十八届三中全会提出“以管资本为主加强国有资产监管”。习近平总书记在 2018 年中央经济工作会议上强调，“加快实现从管企业向管资本转变”。为更好地贯彻落实中央决策部署，切实推进《国务院国资委以管资本为主推进职能转变方案》《国务院国资委关于以管资本为主加快国有资产监管职能转变的实施意见》，亟须进一步深刻理解和把握管资本的重要意义、实质内涵和路径措施，切实转变职能，提高监管效能，更好履行职责。

本书共计八章，采取了理论研究与案例研究相结合的方法，以理论研究把握“管资本”的内涵要义，参考国内外案例经验，吸取对标对象的改革经验与进程，结合国资国企改革发展现状与分析判断，提出“管资本”为主的改革模型，并结合国务院国资委各司局的职能职责，提出下一步“管资本”转变重要方向。

一是在“管资本”的内涵界定方面，重点分析了国资监管的理念变迁，分析了“管企业、管资产与管资本”之间的辩证关系，提出以“管资本”为主的时代内涵，即以现代产权为基础、以资本为纽带，以资本保值增值为出发点，重点以出资额为限，依照公司章程，通过股东会、董事会来行使与资本份额相对应的“资本布局、资本运作、资本收益、资本安全”等重点事项的适度干预，并同样以出资金额为限承担相应国有资本经营风险。同时提出管资本要履行好“出资人、国资监管及国有企业党的建设”三项工作职责。

二是在“管资本”的经验借鉴方面，通过对新加坡、法国、意大利等几种具有代表性的国有资本管理模式分析，得出“管资本”要紧紧围绕法人治理结构的特点来行使与股权份额相对应的权利与义务的结论。通过对深圳、上海、重庆等国资改革较为活跃的地方国资对象分析，得出“管资本”要在内部职能架构调整及履职重点方面围绕管资本的“四大重点”进行积极履职的结论。

三是在“管资本”的履职模型建设方面，围绕“优化资本布局、规范资本运作、提高资本回报和维护资本安全”四大维度提出十六大改革重点内容。即画好像，明确企业战略定位；明边界，聚焦主责主业发展；调存量，推动国资有序进退流转；布增量，引导国资合理投资布局；组平台，推动国有资本高效运转；优产权，创新现代化产权管理；重财务，加强国有企业财务监督；善治理，健全现代企业制度；放人事，构建现代用人机制；活机制，建立市场化经营机制；精预算，完善国资经营预算；严收缴，严格国资收益收缴管理；强党建，发挥党的领导作用；新监管，建设智能监管系统；整资源，构建内外系统大监督体系；强追责，加强违规责任追究管理。

四是在“管资本”的履职职能方向调整方面，按照“管资本”为主的总体要求与趋势，结合国资监管部门承担的主要职责，从“履职对象（该项职责事项服务的具体对象，包括一级企业、二级企业、国资委内部及相关委办）、履职属性（该项职责事项归属于何种性质，包括出资人职责、国资监管职责、党建工作职责及公共服务职责）及履职重点（该项职责事项所属具体业务范畴，包括优化资本布局、规范资本运作、提高资本回报与维护资本安全）”三个维度，分析出资人监管部门在新一轮深化国企改革中更好发挥其职能的途径与方法，并据此探索新时期国资监管履职要点。

五是在“管资本”的改革深化方面，围绕国资监管职能调整的时代课题，着重探讨国资委权力责任清单的修订完善、国有资本的授权经营体制、国有资本投资运营公司改革试点、国资风险预测预警监管机制、国资预决算与收益收缴机制及国有资产监管信披与报告机制等重点领域，为国资监管实现“授权放权”与“高效监管”之间的有效平衡提供参考。

第一章

“管资本”的内涵理解

国有企业是中国特色社会主义经济的“顶梁柱”[1]。伴随着新中国的成立，国有企业及其管理体制加快形成，迄今已经历70多年。从“管企业就是管资产”，到“管人、管事、管资产”，再到“以管资本为主”，从“政企合一”到“企业办社会”，再到“政企分开”“建立健全现代企业制度”及“加强党对国有企业的领导”，国资国企改革每一阶段都有着鲜明的时代烙印和重大的历史使命，在这一伟大历程中，国资监管的思路逐渐清晰，关系逐渐理顺，抓手逐渐明确，措施逐渐落地。

这其中，由“管人、管事、管资产”转为“管资本为主”，是以习近平同志为核心的党中央立足党和国家事业发展全局，对深化国资国企改革作出的重大部署。“以管资本为主”是对“管人、管事、管资产”的“三管”体制的继承和发扬，是完善国资监管的必然选择，同时也是遵循市场规律、对接国际规则、减少行政干预、促进国有企业参与国际竞争的必然要求。“以管资本为主”站在政治高度和全局高度，以国资出资人立场，基于国资监管和国有企业生存发展关键要素的“资本”，聚焦和重新梳理，理顺了长期困扰政府、市场和企业之间的关系，有助于化解体制转轨中的诸多矛盾。“以管资本为主”是新时代坚持和完善社会主义基本经济制度、推进国家治理体系和治理能力现代化的重要内容，是新时代深化国企改革的重要突破口。

---

[1] 习近平：《在江苏徐州市考察时的讲话》，《人民日报》2017年12月14日。

第一节　国资监管的理念变迁

新中国成立以来，对国有企业的监管体制也在历经不断的改革完善，大体经过了三个阶段[1]：第一阶段为新中国成立后的社会主义建设时期，第二阶段为改革开放以来至党的十八大，第三阶段自党的十八大至今。在持续的改革发展历程中，早期国有企业隶属于不同的政府部门，并由各部门直接管理，且偏重于实物形态的管理，企业经营自主性受限。改革开放后，国有资产监管的政策思路逐渐向管企业为主转变，开始组建专门的国资管理部门，更加注重国有资产的保值增值，管理理念开始向价值管理转型，企业经营自主性有了一定的提升，但仍然存在盲目追求资产规模扩张等问题。党的十八届三中全会以来，国资监管理念出现全新调整，以“管资本”为主的国资监管体制改革，成为新一轮深化国企改革的重大创新，通过授权放权与聚焦资本管理等举措，进一步激发企业活力与动力，提升国资的整体运行效率。通过对国资监管理念进行全景式的回顾，有助于对“管资本”的内涵及其意义进行更为准确和深刻的理解。

一、从放权让利到转换企业经营机制

新中国成立后的社会主义建设时期，为与高度集中统一的计划经济体制相适应，国有企业与国有资产事实上融为一体，管企业与管资产高度统一，管企业就是管资产。国家主要依靠直接管理和发展国有企业，在较短时间内建立起独立的、相对完整的、有相当规模和较高技术水平的工业体系，奠定了我国基本经济制度的基础[2]。

[1] 郝鹏：《加快实现从管企业向管资本转变形成以管资本为主的国有资产监管体制》，《学习时报》2019年11月20日。

[2] 王国俊：《国企改革的路径选择和经济后果研究》，南京大学出版社2020年版，第29页。

党的十一届三中全会正式启动了国有企业自主权改革的征程，提出了放权让利的改革思路，国有企业的运行逐步从以计划为主转向受计划与市场的双重调节转变，指令性计划仍然存在，但在逐步收缩，与之相适应的是，行业主管部门在国有企业管理方面的权力被削弱。

1988 年 11 月，国家组建了由财政部归口管理的国有资产管理局，旨在行使国家赋予的国有资产所有者的代表权、国有资产监督管理权、国家投资和收益权及资产处置权，但由于行业主管部门的存在，国有资产管理局并未真正行使其职权，只是作为“账房先生”，做了国有资产产权登记及资产评估等工作。当时采取的方式是政府多部门各司其职，共同管理。财政部门管企业财务，计划部门管投资，劳动部门管劳动工资，经贸委管企业生产及改革，监事会管企业财务及政策监督，即所谓“多龙治水”的体制[1]。这种体制的设计更多的是对如何管理市场经济中的国有企业而做的一种探索，旨在更好地发挥企业作为市场主体的主动性，增强企业活力。但它的弊端也是明显的，即各管理主体职责不清，企业出了问题找不到真正的责任人。因此，这种多部门管理体制只能作为一种过渡性的制度安排。

二、管资产与管人、管事相结合

2002 年 11 月，党的十六大提出：要建立有效的国有资产出资人代表制度，落实国有资产保值增值责任，成为深化国资国企改革的客观需要和重要内容。从体制上看，党中央提出要建立中央政府与地方政府分别代表国家履行出资人职责，享有所有者权益，权利、义务和责任相统一，管资产和管人、管事（简称“三管”）相结合的国有资产管理体制。

以 2003 年国务院国有资产监督管理委员会成立为标志，“三管”并举

[1] 许保利：《关于完善国有资产管理体制的构想》，《中国经济周刊》2017 年第 44 期。

的国资管理体制正式推出。同时，《企业国有资产监督管理暂行条例》和《中华人民共和国企业国有资产法》陆续颁布，从法律上保障了国有资产的监督管理与保值增值，意在通过国资委代表国家履行出资人职责的方式，对国有企业的资产、国有企业的重要人事调整与重大决策事项实施监管和合理干预，实现对国有企业的有效监管。

实践证明，这一管理体制的诞生基本结束了国有资产“多头共管”的局面，并在当时对政资分开与国有企业绩效提升起到了促进作用。但也必须看到，这一体制在实际运行中也暴露出不少制度性缺陷：一方面，作为监管者的国资委，因受限于信息不对称与有限理性，未必能有效获取并使用被监管企业的信息，监管效果仍难以保证；另一方面，因面对的监管对象众多，国资委倾向于依靠行政命令对所属企业实施“越位”且过于“细致”的监管，进而形成了新的政企不分，导致企业的自主经营权受到过多限制，现代企业制度难以真正建立[1]。因此，随着新一轮国有企业产权改革与公司制、现代企业制度的推进，以及国有资产资本化程度的提高，对“三管”体制的改革也势在必行。

在这一阶段，与我国经济体制从计划经济转向市场经济相适应，国有企业的产权结构、组织形态和经营机制均发生了深刻变化，国有企业与国有资产不再完全重合。国有资产既包括国有独资、全资企业运营的国有资产，也包括国有控股、参股的混合所有制企业运营的国有资产。因此，管企业与管资产在内容、对象、方式等方面都有了区别。与之相适应的是，国有资产管理体制改革不断深入，管资产与管人、管事相结合为特征的中央、省、市三级国有资产监管体制逐步健全、完善，有力地促进了国有资产保值增值责任的落实，积极推动了国有企业改革纵深发展。

---

[1] 夏金彪：《明确国资委权责清单实现国资监管转型》，《中国经济时报》2018年4月2日。

三、以“管资本”为主全面深化改革

党的十八大以来，以习近平同志为核心的党中央高度重视国资国企改革，明确指出要以管资本为主加强国有资产监管，加快实现从管企业向管资本转变，为新时代完善国有资产监管体制指明了方向、提供了根本遵循。

党的十八届三中全会通过的《中共中央关于全面深化改革若干重大问题的决定》提出，要完善国有资产管理体制，以管资本为主加强国有资产监管，改革国有资本授权经营体制，组建若干国有资本运营公司，支持有条件的国有企业改组为国有资本投资公司。党的十八届五中全会再次强调，以管资本为主加强国有资产监管[1]。这些文件的颁布，为进一步完善国有资产管理体制指明了方向，对于国有资本优化布局、规范运作、提高回报、维护安全都具有重要指导意义。

“以管资本为主”是对“管人、管事、管资产”的“三管”体制的继承和发扬，而非对之前国资监管体制的否定，其推动国有资产得以合理配置并能够取得最大收益的目标与“三管”并无二致。“管资本为主”转型下，国资监管重点由资产转向资本，并非割裂资本与资产之间的天然联系，而是以资本为纽带，以法定权属为依据，规范、科学地实施“管人、管事、管资产”，而非越界的管、错位的管。因此，“管资本”是完善国资监管的必然选择。不同的是，在“管资本”体制下，资本权属关系更加明晰，经营权被逐步授权到企业，国企的法人财产权与自主经营权将得以完整匹配。国资委将依法履行出资人职责和国有资产监管职责，并把监管的重点转移到资本整体布局、运作、资本回报与安全上来。

在这一阶段，适应市场化、国际化发展要求，国有企业总体上已经与市场经济相融合，已经成为遵循市场规则，平等参与市场竞争的独立市场主

[1] 张毅：《以管资本为主加强国有资产监管》，《人民日报》2015年12月3日。

体，混合所有制经济已经成为以公有制为主体、多种所有制经济共同发展的基本经济制度的重要实现形式。国务院国资委监管的中央企业中，混合所有制企业户数占比约70%，上市公司的资产总额和营业收入占比均超过60%、利润总额占比超过80%，已经进入了资产资本化、股权多元化的发展阶段。对国有独资、全资企业的管理模式已经不适用于国有控股、参股企业，对境内国有企业的管理模式也已经不适用于“走出去”的国有企业。因此，“管资本”也是遵循市场规律、对接国际规则、减少行政干预、促进国有企业参与国际竞争的必然要求。

此外，解决国有资产管理体制仍然存在的政企不分、政资不分的问题，消除国资监管越位、缺位、错位的现象，进一步健全国有资产监督机制、优化国有经济布局结构、提升国有资本配置效率，也迫切要求加快推进从管企业向管资本的转变。

根据《国务院国资委以管资本为主推进职能转变方案》，作为出资人代表的监管机构可以通过规范董事会运作、选派董事监事、实施党管干部等方式实现对企业重大人事、决策事项的监控与适当介入，并最终将所有者意志传递到企业治理与经营中，并不会“缺席”企业发展中的关键节点。

第二节　“管资本”的概念辨析

在理解“管资本”概念的过程中，“资本”“资产”和“企业”等是不可回避的重要系列概念。下面对上述相关概念进行梳理和辨析。

一、资本、资产与企业

按照马克思主义政治经济学的解释，资本是能够带来剩余价值的价值。社会主义市场经济条件下，资本的本质其实就是物质形态各异、能够带来价值增值的价值。在企业的经营运作中，“资本”是股东对企业的投入，强调的是其流动性、增值性和权益性，管资本主要是管好股东的权益。从产权意义上来看，资本体现的是一种所有权归属，反映了企业进行生产经营活动的占用资产的资金来源，即权益归属，具体表现为债务资本与权益资本。

与资本概念密切相联系的概念是资产。资产是企业用来进行生产经营活动以获取经济利益的经济资源，体现的是企业法人财产权，强调的是其保值增值性。资产归企业法人所拥有和控制。

“企业”则是独立的市场主体，是运用各种生产要素（包括资产）向市场提供商品或服务，实行自主经营、自负盈亏、独立核算的法人经济组织。管企业主要是指直接面向企业履行出资人职责，甚至包括直接派驻经营管理人员参与企业经营等行为。

“国有资产”即国有财产，指属于国家所有的各种财产、债权和其他权益。企业国有资产是国家对企业各种形式的出资所形成的属于国家所有的权益。随着国企改革的推进，特别是企业改制为股份制后，国有资产以出资人入股的方式投入企业，体现为一定份额的国有股权，这种形态的权益被称为“国有资本”。“国有企业”则是国有资产与国有资本的具体载体，有别于一般企业，是兼顾经济效益与社会效益双重目标的经济组织。

二、“管资本”与“管企业”的异同

资本作为一种价值形态，增值是其应有的本性，如果不以增值为目标，其所有者就会失去投资的积极性，资本得不到保值和增值，就不会再有人去积累资本。因此，资本的保值和增值就成为“管资本”的重要使命。既然企业是利用各种资源（包括各类资产）进行生产经营活动以获取经济利益的社会组织，那么，“管企业”就是通过采用各种有效手段和方法，来实现企业经济资源的优化配置和高效利用，这就是我们常说的资产经营或者企业经营。

从管理目标来看，管企业关注的是单个企业的利润和经营发展能力；管资本则关注的是资本的整体收益和控制力，注重通过把控资本投向、优化资本进退来放大国有资本功能，更好实现保值增值。从管理方式来看，“管企业”从事的是业务经营，更多地依赖行政命令和行政化手段，通过法规法令、暂行条例、试行办法等，规范国有资产使用单位的生产经营活动，其行政管理色彩浓厚，侧重于关注企业具体经营行为，将重点放在企业内部，实践中容易突破管理层级；“管资本”从事的是资本运营，更多地依赖经济手段和市场化方式，通过资产重组、企业并购、债务重组、产权转让、参股控股等方法，调节生产要素，使其配置不断优化，从而保持国有资本的保值增值，其经济管理色彩较重，侧重于管股权，重点聚焦关系出资人权益的重大事项，一般只管到集团层面，更加注重厘清国资监管职责边界，通过企业法人治理结构体现出资人意志。

尽管“管资本”与“管企业”存在上述区别，但鉴于企业是资本的具体载体和依托形式，“管资本”与“管企业”不是截然对立的，两者体现了不同的国资监管思路和重点，统一于出资人法定职责的有效行使。要落实宏观层面管资本的要求，需要直接面向企业的具体措施来促进和保障。一是“管资本”需要以企业为对象履行出资人职责，国资委作为企业的出资人，行使《公司法》《企业国有资产法》规定的资产收益、参与重大决策和选择管理者等出资人权利，需要针对具体企业，否则国有资本权益将无法得到有效落实[1]；二是实现管资本目标需要以企业为载体综合施策，调整优化国有资本总体布局结构、实现保值增值的目标，离不开业绩考核、财务风险管控、责任追究等必须面向企业开展的具体监管工作；三是落实党和国家战略部署需要加强对企业的指导督促，按照党中央决策部署，国资要从国有经济发展全局，统筹推进国有企业改革、指导企业科技创新、做好国有资产基础管理工作等，仅依靠出资人管理手段难以全面落实。

把握好“管资本”与“管企业”的关系，一方面需要突出管资本要求，

[1] 许保利：《把履行好出资人职责作为管资本的重要抓手》，《国资报告》2019年第12期。

切实转变监管思路，更多聚焦对资本的整体管控，更好实现国有资本布局优化和资源配置，提高国有资本运营效率；另一方面需要界定好管企业的边界，将出资人法定职责落实到位，更加注重维护企业市场主体地位和经营自主权，避免在面向企业的监管工作中滋生出管的过多过细、越位错位等问题。

第三节 “管资本”的时代内涵

通过前述对国资监管理念变迁过程的回溯，国资国企改革的每一阶段都有着鲜明的时代烙印和重大的历史使命，因而每个阶段的国资监管都有其特定的时代内涵。作为新一轮深化国资国企改革的重大创新，以“管资本”为主的国资监管体制改革，也具有其概念内涵、实现形式和职责范围，从而构成了其特定的时代内涵。

一、“管资本”的概念内涵

以“管资本”为主的时代内涵是：以管资本为主，即以现代产权为基础、以资本为纽带，以资本保值增值为出发点，重点以出资额为限，依照公司章程，通过股东会、董事会，来行使与资本份额相对应的“资本布局、资本运作、资本收益、资本安全”等重点事项，并同样以所出资金额为限，承担相应国有资本经营风险。

以“管资本”为主的深层意义：对国有企业而言，“管资本”为主的根本性意义就是通过简政放权和市场化运作，使国有企业成为独立的市场主体，进而建立现代企业制度。以“管资本”为主，完善国有资产监督管理体制，实际上是一种思维方式或方法论，要跳出习惯于直接监管单个企业的传统思维，转到更加注重国有资本的整体性和流动性上来，将监管范围内的国有资本作为一个整体，从宏观层面上加强研究、规划、运作和调控，促进国有资本合理流动和保值增值，避免“只见树林不见森林”。要改变过去重审批轻监督等带有行政色彩的行权方式，善于把监管要求转化为股东意志，更加注重采取市场化、法治化方式，通过法人治理结构行权履职。

二、“管资本”的实现形式

以“管资本”为主，强调了资产的价值形态。“管资本”与“管人管事管资产”都是我国特定环境下的用语。从一定意义上讲，“管资本”的核心思想是国资委按照一个真正股东的身份来行使相应的权利与履行义务。

首先，要紧紧围绕法人治理结构的特点来开展“管资本”。通过股东会决议、公司章程制定、董事会和监事会成员任免、资本增减等渠道行使所有权；通过公司治理体系的构建来提高所有权监管的效率。其中很重要的一点是，坚持董事会在国有企业治理中发挥中心作用，使其具有独立性、专业性和可问责性；按照股东或股东会的权责范围来行事。所有权机构主要功能是：国家所有权政策起草和实施，董事会、监事会提名任免、监管公司战略、年度报告和公司绩效。作为知情、积极的所有者，制定出一项清楚和一致的所有权政策，确保国有企业治理具有必要的专业化程度和有效性，并以透明和问责的方式贯彻实施；不应陷入企业日常管理。

其次，国有资本投资、运营公司是国资委管资本的重要实现形式。国有资本运营公司的定位应该是进退和调整；国有资本投资公司的定位应该是投资为主，发挥控制力和影响力。根据功能和目标不同，国有资本运营、投资公司的业务包括持股和资本运营（投、退及重组整合）。对于持有的股权，其目标就是采用更加市场化公司治理框架、更加专业化的监管，来提高国有资本的长期价值；对于资本运营，其目标是通过国有资本的积极进退，来更好地实现国有资本的优化配置。加强国有资本投资运营功能，重点包含三个方面[1]：明确国有资本目标，调整国有资本投向重点（如公共服务、战略性

[1] 张政军：《“管资本为主”：国资委如何当好股东？》，《中国经济周刊》2014 年第 3 期。

产业、生态环境、科技进步和国家安全领域等），积极开展国有资本的进退调整；明确国有资本运营和投资公司的股权结构和治理结构；结合国有资本目标的界定，明确国有资本运营公司和投资公司的目标及考核体系与薪酬结构，进而促进国有资本的高效运转[1]。

三、“管资本”的职责范围

一是出资人职责。根据公司法、国资法等法律法规，国资委出资人职责将仍然包括“管人”“管事”“管资本”三个方面，但都需要围绕“以管资本为主”来重新界定。其中，围绕“管资本”为主的管人职责，尽管事项不需要太大的变化，主要仍然是考察任免、考核及薪酬决定，但实际决策范围应收缩到真正属于股东会或股东的权责之内，如对于国有独资公司，主要有董事会成员、监事会成员、董事长和法定代表人的任免、考核及薪酬决定，对公共服务类和特定功能类企业，国资委可以对总经理任免行使建议权，但对处于充分竞争市场环境下的一般商业类企业，总经理的任免权应当由董事会行使。围绕管资本为主的管事职责，主要包括审批主业范围、战略规划备案；投资计划监督；治理体系建设，包括董事会、监事会、风险管控、内部控制等内容；绩效评价；年度报告、财务报告和信息披露。管事职责对不同类别的企业，应根据企业类别特点有所区别，如针对不同类别的企业，公司治理模式应有所不同。围绕管资本为主的管资本职责，重点集中到公司法、国资法明确的股东基本权责上来，包括出资权利和责任；分红权利；资本变更监督或决定权；股份转让决定权；合并、分立、破产决议；资产和财务信息知情及监督；积极开展国有资本运营和投资。对不同类别企业，管资本职责覆盖的事项基本相同，个别事项可以在边界和具体措施方面有所差别。

二是国资监管职责。根据公司法、国资法等法律法规，国资委国资监管

[1] 林旭阳、刘佳：《构建中央企业向管资本转变的运营体系》，《宏观经济管理》2020 年第 8 期。

职责主要包括战略管理、预算管理及契约管理三个方面。战略管理，包括起草国有资产管理的法规、规章草案和政策；指导推进国资改革重组，研究编制国资发展总体规划，推进现代企业制度建设，推动国有经济布局和结构的战略性调整等。预算管理，包括建立和完善国有资产保值增值指标体系，并通过规划、预决算、审计、统计、稽核等，对国有资产保值增值情况进行监管；参与制定国有资本经营预算有关管理制度等。契约管理，包括建立企业选人、用人的契约管理制度，完善经营者激励和约束制度，履行对所监管企业工资分配的监管职责，制定所监管企业管理者收入分配办法并组织实施等。

三是国有企业党的建设职责。根据习近平总书记在全国国有企业党的建设工作会议上的重要讲话精神，“管资本”还要管党建。国资委国有企业党的建设职责主要包括国有企业党的建设、国有企业党的领导作用发挥及国有企业党风廉政和反腐败工作[1]。国有企业党的建设，包括夯实各级国有企业党的基本组织、建强党的基本队伍、健全党的基本制度。国有企业党的领导作用发挥，包括推动国有独资、全资和控股的国有企业，着力建设和完善中国特色现代企业制度，把加强党的领导和完善公司治理统一起来，发挥国有企业党委（党组）领导作用，把方向、管大局、保落实。推动国有资本参股的混合所有制企业，明确党组织的设置方式、职责定位和管理模式，确保国有资本流动到哪里，党的建设就跟进到哪里、党组织的作用就发挥到哪里[2]。国有企业党风廉政和反腐败，包括强化党建工作责任制考核，推进全面从严治党要求落实落地。压紧压实“两个责任”，深入推进党风廉政建设和反腐败斗争，坚决整治形式主义、官僚主义，在强基础、补短板上下功夫，切实把企业党建优势转化为发展优势。

---

[1] 习近平：《坚持党对国有企业的领导不动摇》，《人民日报》2016 年 10 月 12 日。

[2] 翁杰明：《以管资本为主加快国有资产监管职能转变》，《国资报告》2019 年第 12 期。

第二章

“管资本”的国内外经验借鉴

“管资本”作为国资监管的新思路，并不意味着之前的国资监管忽视对“资本”的监管，而是站在国资出资人的立场上，基于关键要素思维，聚焦并重新梳理，理顺了政府、市场和企业之间的关系，是对国资监管长期实践的一种继承和发扬。因此，在实践层面上，“管资本”并非凭空出现的一个新概念，而是在国内外国资监管的相关实践中被广泛实践的一个管理理念。

从国际上来看，虽然政治体制不尽相同，但即便是发达的资本主义经济体中，国有制经济或国有企业依然是其国民经济中重要的组成部分，因此这些国家对于国有资本的管理思路，在某种意义上非常值得仔细研究和借鉴，如新加坡这样的“国家资本主义”典型样本，其著名的“淡马锡模式”更是国资监管无法绕开的概念。

从国内来看，“管资本”其实是对“管人、管事、管资产”的继承和发扬，因此“管资本”的实践其实一直贯穿于各地的国资监管实践之中，而随着从“管企业”向“管资本”转变，各地国资监管机构职能调整工作也同步甚至先期开展，这其中也产生了大量值得借鉴的经验。

第一节　他山之石

国外国有资本管理的概念提出较早，很多国家在监管国有资本的过程中，形成了较为成熟的监管体系，积累了“管资本”的丰富运作经验，取得了明显监管成效。这其中有作为“国家资本主义”典型的新加坡“淡马锡模式”，法国以财政部为核心各部门协同监管模式，还有意大利以专门机构和国有控股公司分层监管模式，这些模式在国资监管的“管资本”方面，都非常值得研究和借鉴。

一、新加坡：以国有控股公司为中心的监管模式

新加坡国有资产的最高代表机构是设在财政部内的财长公司，也是新加坡国有资产监督管理的最高机关，由财政部长兼任财长公司主席。财长公司下辖三大控股公司，即淡马锡控股有限公司、国家发展控股公司和新加坡保健有限公司。淡马锡控股有限公司是新加坡最大的全资国有控股公司，拥有 29 家大型直属企业，主要涉及金融、交通、通信、工程、电力和科技等领域[1]。

新加坡政府对淡马锡管理主要有以下四大特点：

一是在管理体制方面，主要依靠产权纽带，政府通过向淡马锡委派董事，控制人事权；通过审阅淡马锡财务报告、投资计划等，把握企业发展方向；通过直接投资、管理投资、割让投资等方式，确保国有资产保值增值。淡马锡在市场上以独立法人身份出现，拥有充分的经营自主权，其关联企业也享有充分的经营自主权。淡马锡通过加强董事会建设，实现对相关企业有效监督和管理。

二是在公司治理方面，新加坡公司法规定，公司在董事会的领导下经营其业务，董事会下设常务委员会、审核委员会及领导力发展与薪酬委员会三个专门委员会。淡马锡的 10 名董事中，4 名由财政部提名（财政部长行使董事会成员任免或续任的权利时，须征得总统同意。董事会对首席执行官

[1] 潘泽清：《以新加坡淡马锡公司为例谈国有资本运营公司投资策略选择》，《财政科学》2017 年第 6 期。

（下称 CEO）的任免也需征得总统同意。这四位被提名的董事需经总统批准，但不在企业拿薪酬。其他 6 名为独立董事，一般负责董事会中专门委员会的工作[1]。淡马锡的公司治理制度保证了监督权和管理权的分离，使董事会职权明确，相互制衡，有效做到公正和独立。

三是在经营回报方面，新加坡政府对淡马锡的管理体现在过往储备金的监管上。《新加坡宪法》规定，淡马锡董事会和 CEO 有职责保护公司的过去累积储备金，总储备金低于过去累积储备金前及需要提取过去累积储备金时，都必须寻求总统批准。此外，淡马锡董事长与 CEO 还必须按规定时间向总统提交储备金结算报告和过去累积储备金结算报告。政府对过去累积储备金保护工作的评价标准是——当淡马锡总储备金等于或高于过去所累积的储备金时，就意味着过去所累积的储备金得到了保护。简而言之，淡马锡对当期储备金（X）负有重大责任，必须确保 $X \geqslant 0$。

四是在风险控制方面，政府注重加强战略风险、金融风险和运营风险的监控，建立规范的审计制度和强有力的监督机制。新加坡政府通过选派董事，控制淡马锡的人事权，加强对淡马锡的监督，淡马锡需要每半年向财政部递交一份下属子公司经营状况的报告。同时，淡马锡通过委派股东董事，对关联企业进行监督。

二、法国：以财政部为核心各部门协同监管模式

法国是国有化程度非常高的国家，其国有企业已有 300 多年历史。尽管近几年来法国政府出售了大量国有企业，但仍拥有 1600 多家国有企业（含子公司），分布在能源、邮电、航空、军工、文化等诸多行业中，其中前 70 家国有企业的年营业额达 2500 亿欧元，国有企业总营业额占 GDP 之比稳

[1] 杨永胜：《坚持政企分开，明确功能定位，强化多元化决策——考察新加坡淡马锡的启示》，《国资报告》2019 年第 12 期。

定在 10% 左右[1]。法国国有企业的监管部门主要有财政经济与预算部、工业贸易部、运输部、邮电部、能源部等部门。其中，财政经济与预算部权限最大，是国有资产管理的核心部门，统一管理所有国有资本，各主管部门负责经营国有企业。法国国资监管模式就是典型的以财政部为主、财政部和主管部门相结合的“双重监管”模式。国家对国有企业的领导和监督集中体现在人事任免、企业经营方向、财产管理、价格与投资控制等方面。

在重要人员任免方面，法国政府通过任命国有企业领导人来行使对国有企业的管理权，通过董事会来贯彻自己的意图，影响企业的发展方向。大多数国有控股企业均由国家任命董事长，董事长任命总经理和企业高级管理人员。董事会成员实行“三方代表制”，即国家代表、职工代表及有关专家、知名人士代表各占 1/3，其中国家代表和专家、知名人士代表均由国家任命。

在国有资本的投资布局方面，实行规范政府和企业权责利关系的计划合同制度。计划合同制是政府和企业之间通过协商谈判签订合同，以规范、协调政府和国有企业之间权责利关系的一种管理方式。其内容主要有：确立企业的中长期发展计划和规划，包括一些具体的生产目标；规定国家的有关义务，如财政投资、补贴和维护外部环境等。施行计划合同制，可以使国家计划目标和优先发展项目在国有企业中得到落实，确保企业发展战略和国家计划相一致。

在企业分类管理方面，根据“企业是否存在竞争、行业是否存在规模效益、基础设施是否需要大量投资”三个标准[2]，法国把国有企业分为垄断性

[1] 郎昆、冯俊新：《德国、法国国有经济：发展历程和经验启示》，《法国研究》2020 年第 4 期。

[2] 肖林林：《法国政府对国有企业的管理模式对我国的启示》，《经营与管理》2015 年第 7 期。

国有企业（国家是唯一股东或控股50%以上，在市场上不存在竞争，主要分布在能源、交通、邮电通信等基础设施和基础产业部门），以及竞争性国有企业（国家通常只掌握部分股份，在市场上存在比较激烈的竞争）。国家对垄断性国有企业，采取直接和间接相结合的方法进行管理，控制程度较高，管理比较严格，企业的自主权较少。对竞争性国有企业一般运用经济手段间接控制，让它们和私人企业进行平等竞争，政府对这类企业的管理，仅限于任命企业的主要领导人及对资产变动实行监督，企业拥有较多的经营自主权。

在企业监督管理方面，实行以重大决策和财务为核心的多层次监督制度。主要包括五重监督：一是议会监督，审查国有企业的经营报告，对企业经营状况进行评估。二是政府主管部门监督，审核国有企业总体发展计划，任免企业领导人，派代表参加董事会，并监督企业经营。三是财政部监督，监督国有企业的经济和财务，负责预算署和国库署的领导工作，负责国家参股范围和国有企业的预算、贷款、财政拨款等。四是双重派员监督，财政部和主管部门都向企业派驻常驻稽查员，分别负责监督企业的财务情况和日常生产经营情况。五是审计院监督，审计院是监督国有企业的专职机构，负责对国有企业的会计账目和经营绩效进行监督。

三、意大利：专门机构和国有控股公司分层监管模式

意大利是一个国有化程度相对较高的国家，政府设置专门机构，对国有资产行使选择经营者、财务控制及重大决策等权利，同时通过各大控股公司全面管理国家在各个生产部门和服务部门所拥有的股权，监督和协调国家参与制企业的活动。

在国资监管架构方面，主要设立三个层次[1]：第一个层次是经济计划部

[1] 蒋凯、杨超、许诺：《国外国有资本授权经营模式及对我国的启示》，《财政监督》2021年第6期。

际委员会。该委员会专门负责对全部国有企业宏观层面的管理和协调，如制定控股公司的政策目标、检查计划执行情况、审查国家拨款申请等。第二个层次是相关的政府职能部门，主要是国库部、预算部和工业部。国库部是国有企业的出资者，依据股权比例向企业派出董事；预算部主要负责对国有企业的财务监督；工业部负责决定国有企业的战略方针。第三个层次是国家控股公司。通过国家控股公司全面管理国家在各个生产部门和服务部门所拥有的股权，监督和协调国家参股企业的活动。意大利有三家大型国有控股公司，分别是工业复兴公司、埃尼公司和埃非姆公司，这三家控股公司基本上掌控了意大利全部的国有企业，负责督促国有企业执行政府政策，指导和协调企业的投资和生产经营活动，向企业提供必要的资金支持和人才、技术、信息、咨询等服务。

在分类监管方面，对经营性和非经营性国有资产采取分类监管：一类是基础性、垄断性经济领域，大部分是国有全资公司，如交通、邮政、市政、电力等；另一类是竞争性领域，这也是意大利国有企业的主要形式[1]。

在股权管理方面，经过半个多世纪的发展，意大利在国有股权管理方面形成了一套独具特色的体制。以工业复兴公司（IRI）为例，政府对国有控股公司的管理主要体现在：一是向 IRI 发布经济计划部际委员会制定的一般性方针和指示，并监督其实施；二是参与 IRI 公司中期计划的制定，协调国有企业经营计划与国家经济计划的关系；三是审批 IRI 的预算和决算；四是制定政府向 IRI 提供捐赠基金的方案；五是主管 IRI 章程的制定；六是任命所属各控股公司的董事会成员；七是根据法规条款，审批 IRI 的投资方案和股权进退计划。

[1] 张宝才：《国有资产管理的国际比较探究》，《中国国际财经》2017 年第 23 期。

表 2-1 代表性国家实施“管资本”的体制机制和经验做法

代表性国家及其监管方式	主 要 内 容
新加坡：以国有控股公司为中心的监管模式	**优化资本布局方面，**通过影响下属公司的战略方向来行使股东权利，但不具体插手其日常商业运作；投资主体与决策主体分离；企业战略的主体思维是效益优先，以一种投资者的眼光运作企业。 **规范资本运作方面，**依靠产权纽带，政府通过向淡马锡委派董事，控制人事权；通过审阅淡马锡财务报告、投资计划等，把握企业发展方向；通过直接投资、管理投资、割让投资等方式，确保国有资产保值增值。 **提高资本回报方面，**新加坡政府对淡马锡管理体现在过往储备金监管上。《新加坡宪法》规定，淡马锡董事会和 CEO 有职责保护公司的过去累积储备金，总储备金低于过去累积储备金前及需要提取过去累积储备金时都必须寻求总统批准。 **维护资本安全方面，**新加坡政府通过选派董事，控制淡马锡的人事权，加强对淡马锡的监督，淡马锡需要每半年向财政部递交一份下属子公司经营状况的报告。而淡马锡通过委派股东董事，对淡联企业进行监督。
法国：以财政部门为核心、各部门共同监管的模式	**优化资本布局方面，**实行规范政府和企业权责利关系的计划合同制度。计划合同制，是政府和企业之间通过协商谈判签订合同，以规范、协调政府与国有企业之间权责利关系的一种管理方式。施行计划合同制，可以使国家计划目标和优先发展项目在国有企业中得到落实，确保企业发展战略和国家计划相一致。 **规范资本运作方面，**国家对国有企业的领导和监督集中体现在人事任免、企业经营方向、财产管理、价格与投资控制等方面。 **提高资本回报方面，**根据“企业是否存在竞争、行业是否存在规模效益、基础设施是否需要大量投资”三个标准，将企业区分为垄断性国有企业和竞争性国有企业，垄断性国有企业以提供公共收益为主，竞争性国有企业拥有较多的经营自主权，自主参与市场竞争，获取市场化运作收益。 **维护资本安全方面，**实行以重大决策和财务为核心的多层次监督制度。主要是五重监督：一是议会监督，二是政府主管部门监督，三是财政部监督，四是双重派员监督，五是审计院监督。通过上述五重监督来构筑全方位的国资监管体系，维护国有资本的合法权益。

（续表）

代表性国家及其监管方式	主 要 内 容
意大利：专门机构和国有控股公司分层监管的模式	**优化资本布局方面**，政府参与国有公司中期计划的制定，协调国有企业经营计划与国家经济计划的关系，确保国有企业在国家经济社会发展中扮演引领与支柱性的重要作用。 **规范资本运作方面**，政府通过国有企业的公司章程的制定及任命所属各控股公司的董事会成员来掌控国有企业，以股权为纽带来实现对国有企业经营运作的有效引导，维护国有资本合法权益。 **提高资本回报方面**，政府通过审批国有企业的预算和决算方案，来掌握国有企业的经营发展现状，并构建国资与政府公共预算之间的双向流通通道，促进其一体化发展。 **维护资本安全方面**，对国有企业的监管主要有三个层次：第一个层次是经济计划部际委员会，对全部国有企业的宏观层面的管理和协调。第二个层次是相关的政府职能部门，主要是国库部、预算部和工业部。国库部是国有企业的出资者，依据股权比例向企业派出董事；预算部主要负责对国有企业的财务监督；工业部负责决定国有企业的战略方针。第三个层次是国家控股公司。通过国家控股公司全面管理国家在各个生产部门和服务部门所拥有的股权，监督和协调国家参股企业的活动。

第二节　地方国资监管机构职能调整进展

随着国资监管从“管企业”向“管资本”转变，各地国资监管机构也在不断的实践和探索之中，各地国资监管机构的职能调整也同步甚至先期开展，其中产生了大量值得借鉴的经验。

一、上海市国资委

根据《上海市机构改革方案》有关精神及以管企业为主向以管资本为主的转变的总体要求，2019 年 2 月 2 日，中共上海市委办公厅、上海市人民政府办公厅印发《关于调整上海市国有资产监督管理委员会“三定”规定的通知》印发。其中规定：

在优化国资布局方面，做实规划发展处，履行所监管企业优化布局和结构调整、所监管企业编制和实施发展战略规划、主业及跨类业务认定、所监管企业重大投资决策及落实国资收益项目管理工作等。

在规范资本运作方面，调整产权管理处职责，在做好产权登记、流转、处置等制度规范的基础上，重点做好所监管企业上市公司国有股权管理；新设公司治理处，承担出资企业公司治理的政策建议和制度、外派董事、监事的日常履职管理、评价和工作支持及股东事务等出资人职责的相关工作。

在提高资本回报方面，完善财务评价处职能，开展所监管企业财务预决算、动态监测和分析评价、本市经营性国有资产统计和分析、所监管企业国有资本经营预决算编制和国资收益收缴与支出管理及所监管企业财务管理和风险管控水平提升等工作。

在维护资本安全方面，改组信息化管理处，制定国资委系统信息化建设总体规划和管理规范、推进国资监管信息化工作、指导协调所监管企业推进信息化建设及机关信息化建设和管理工作等。

二、深圳市国资委

为加快实现以管企业为主向以管资本为主的转变，2019 年 3 月 19 日，深圳市国资委发布内部机构职能调整方案，积极推动监管职能向资本管理、行业布局、结构调整、资源配置和检查监督转变，重点管好国有资本布局、规范资本运作、提高资本回报、维护资本安全[1]。

在优化国资布局方面，组建了战略发展处，重点承担国资国企宏观及行业研究、国资国企改革的统筹协调、所监管企业国有资本布局结构整体规划、市属国资中长期发展战略和实施计划、所监管企业发展战略规划及企业

[1] 深圳市国资委：《深圳：打造国资国企改革先行示范样本》，《企业观察家》2020 年第 10 期。

投资相关工作等。

在规范资本运作方面，改组了重组和资本运营处，承担了市属国企产权主体多元化改革、市属国资国企资源整合及资产重组、市属国有控股上市公司资本运作、国资基金群建设与运营及国有资本投资运营公司的改革试点等。组建了股东事务处，承担企业股东事务处理、监管企业公司章程、企业完善公司法人治理和开展管理提升等工作。

在提高资本回报方面，改组了预算和财务监管处，承担制定国有资本经营预算办法，负责国有资本经营预决算编制和执行、国有资本收益收缴及国有资产报告的编制管理等。

在维护资本安全方面，改组了监督稽查处，承担监事和财务总监的日常管理、所监管企业的审计及落实审计制度、所监管企业共性问题和重大问题的专项检查与整改以及对损害、侵犯国有资产权益的行为和国有资产流失案件的查处等职能。

三、重庆市国资委

根据《重庆市机构改革方案》有关精神及以“管企业”为主向以“管资本”为主转变的总体要求，2019 年 2 月 3 日，重庆市国资委发布了内部机构职能调整的实施方案。

在优化国资布局方面，强化规划发展处职能，承担国有经济布局和结构战略性调整、国有经济进退的领域和国有经济重点发展领域、所监管企业的发展战略和规划、所监管企业重大投资决策及所监管企业重大投资项目后评价等。设立企业一处，负责市属国有工业类企业发展战略规划编制、年度投资计划审核、除上市公司股权投资外的国内和境外投资项目评估、资本金变动及发债、非公开交易、无偿划转等；设立企业二处，负责市属国有投融资建设类企业和金融类企业发展战略规划编制、年度投资计划审核、除上市公司股权投资外的国内和境外投资项目评估、资本金变动及发债、非公开交易、无偿划转等；设立企业三处，负责市属国有商贸物流类企业发展战略规划编制、年度投资计划审核、除上市公司股权投资外的国内和境外投资项目评估、资本金变动及发债、非公开交易、无偿划转等。

在规范资本运作方面，调整产权管理处工作职责，在开展国有资产产权界定、登记、划转、处置及产权纠纷调处等基本任务基础上，重点开展所监管企业与市国资系统外企业的资产非公开交易、无偿划转及所监管国有控股上市公司股权投资、资产交易及股权管理等工作。

在提高资本回报方面，设立财务监督与收益管理处，制订所出资企业国有资本经营预算管理办法，提出所出资企业年度国有资本经营预算建议草案和编制决算草案，组织和监督所出资企业按规定上缴国有资本经营收益，实施所出资企业国有资本经营预算绩效管理和监督检查等。

在维护资本安全方面，设立监督处，负责汇总国资监管发现的问题，分类提出处置意见，跟踪问题的处理整改落实，对国有资产重大损失、违反“三重一大”决策制度等重要问题和线索进行核查，提出问责追责意见，对监管发现的共性问题进行分析研究，提出完善国资监管制度和改进国资监管的措施办法，对所监管企业开展问责追责及加强对市属国有重点企业监督协调配合有关工作。

表 2-2 各地方国资推进“管资本”转型的创新做法

地区	主 要 内 容
上海	按照“管少管精管好”思路来贯彻管资本的重要思路来实现对国有企业的有效管理[1]： **优化资本布局方面**，做实规划发展处，承担所监管企业优化布局和结构调整、所监管企业编制和实施发展战略规划、主业及跨类业务认定、所监管企业重大投资决策及落实国资收益项目管理工作等。

[1] 罗新宇：《上海深化国资国企改革研究》，《科学发展》2017 年第 12 期。

（续表）

地区	主 要 内 容
上海	**规范资本运作方面，**调整产权管理处职责，在做好产权登记、流转、处置等制度规范的基础上，重点做好所监管企业上市公司国有股权管理；重点发挥上海国际、上海国盛两大平台功能，实现对存量上市公司股权的有效运作。新设公司治理处，承担出资企业公司治理的政策建议和制度、外派董事、监事的日常履职管理、评价和工作支持及股东事务等出资人职责的相关工作。 **提高资本回报方面，**完善财务评价处职能，重点做好所监管企业财务预决算、动态监测和分析评价、及经营性国有资产统计和分析、所监管企业国有资本经营预决算编制和国资收益收缴与支出管理及所监管企业财务管理和风险管控水平提升等工作。 **维护资本安全方面，**改组信息化管理处，制定国资委系统信息化建设总体规划和管理规范、推进国资监管信息化工作、指导协调所监管企业推进信息化建设及机关信息化建设和管理工作等。
深圳	按照管资本为主要求，通过二轮机构改革践行管资本为主路径： **优化资本布局方面，**组建战略发展处，重点承担国资国企宏观及行业研究、国资国企改革的统筹协调、所监管企业国有资本布局结构整体规划、市属国资中长期发展战略和实施计划、所监管企业发展战略规划及企业投资相关工作等。 **规范资本运作方面，**改组了重组和资本运营处，承担了市属国企产权主体多元化改革、市属国资国企资源整合及资产重组、市属国有控股上市公司资本运作、国资基金群建设与运营及国有资本投资运营公司的改革试点等。组建了股东事务处，承担了企业股东事务处理、监管企业公司章程、企业完善公司法人治理和开展管理提升等工作。 **提高资本回报方面，**改组了预算和财务监管，承担制定国有资本经营预算办法、负责国有资本经营预决算编制和执行、国有资本收益收缴及国有资产报告的编制管理等。 **维护资本安全方面，**改组了监督稽查处，承担监事和财务总监的日常管理、所监管企业的审计及落实审计制度、所监管企业共性问题和重大问题的专项检查与整改及对损害、侵犯国有资产权益的行为和国有资产流失案件的查处等职能。
重庆	以资本为纽带，以产权为基础，积极探索以管资本为主的国有资本运营有效模式： **优化资本布局方面，**以管资本为主优化国有资本布局，一增一减，用市场化方式大力去除无效供给，以资本为导向积极培育新供给，充分利用国有资本投资运营公司与基金方式来实现对增量产业的有效布局。

（续表）

地区	主 要 内 容
重庆	**规范资本运作方面，**调整产权管理处工作职责，在开展国有资产产权界定、登记、划转、处置及产权纠纷调处等基本任务基础上，重点开展所监管企业与市国资系统外企业的资产非公开交易、无偿划转及所监管国有控股上市公司股权投资、资产交易及股权管理等工作。 **提高资本回报方面，**设立财务监督与收益管理处，制定所出资企业国有资本经营预算管理办法，提出所出资企业年度国有资本经营预算建议草案和编制决算草案，组织和监督所出资企业按规定上缴国有资本经营收益，实施所出资企业国有资本经营预算绩效管理和监督检查等。 **维护资本安全方面，**设立监督处，负责汇总国资监管发现的问题，分类提出处置意见，跟踪问题的处理整改落实，对国有资产重大损失、违反“三重一大”决策制度等重要问题和线索进行核查，提出问责追责意见，对监管发现的共性问题进行分析研究，提出完善国资监管制度和改进国资监管的措施办法，对所监管企业开展问责追责及加强对市属国有重点企业监督协调配合有关工作。

第三章

“管资本”的重点改革内容

通过对《国务院国资委以管资本为主推进职能转变方案》《国务院国资委关于以管资本为主加快国有资产监管职能转变的实施意见》及各地“管资本为主”路径探析的创新实践的总结剖析，围绕“管资本”为主的改革路径，从“管布局、管运作、管回报、管风险”四个维度出发，建立国资监管部门推进管资本为主的改革路径，重点聚焦在“画好像、明边界、调存量、布增量、组平台、优产权、重财务、善治理、放人事、活机制、精预算、严收缴、强党建、新监管、整资源、强追责”等 16 大方面，具体如图 3-1 所示。

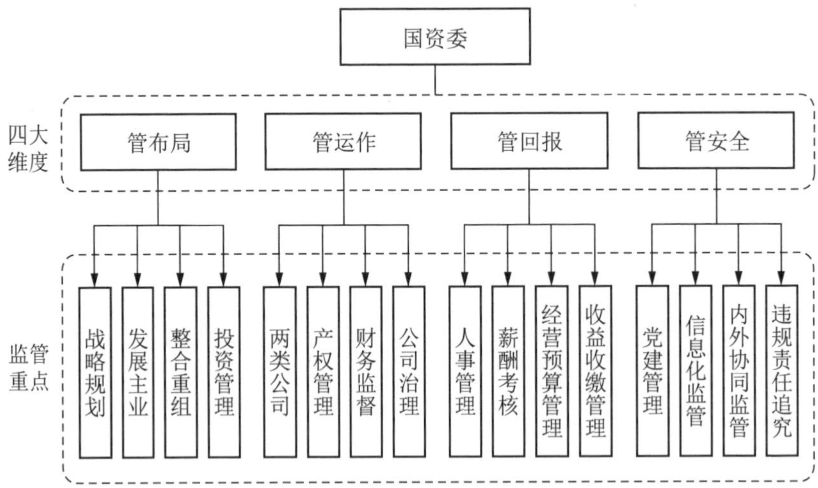

图 3-1　国资监管“管资本”的架构体系

第一节 优化资本布局

“优化资本布局”作为管资本的第一大维度，主要包括画好像、明边界、调存量和布增量等部分，主要内容如下:

一、画好像——明确企业战略定位

企业战略规划是企业长远发展之大计，是企业有目标、有计划地建立核心专长、培养核心竞争优势之方略，是企业在激烈竞争中保持生命力之依据。战略发展规划制定得当的企业，按照规划之方向经过不懈努力方可修得长处与强处，健康成长。国资委作为出资人机构，首先应当关注企业的发展战略，并鼓励与引导企业结合自身实际情况制定科学的战略发展规划，具体可包括企业中长期战略规划、五年发展规划、三年行动计划及年度工作总结与计划等，具体规划权限可依据企业发展阶段、治理水平及运作能力等予以差异化授权。

二、明边界——聚焦企业发展主业

推动企业集团集中精力做强做优发展主业，是化解部分企业产业布局过宽过散、资源配置不合理的重要举措；是推进国有资本向关键领域与重点项目集聚的战略需要；是增强国有资本配置效率、提升企业核心竞争力和抗风险能力的内在要求；是发挥国有企业骨干带头作用、履行国有企业职责使命、服务社会经济转型发展的重要基础。国资委作为出资人，推动出资企业立足自身优势，进一步突出精干主业，明确发展方向，强化资源集聚，优化产业布局。增强核心竞争力和长期可持续发展能力是实现管资本的主要基础。

三、调存量——推动国资存量有序进退

在明确了企业战略定位和发展主业的基础上，推动存量国资资源围绕主业发展实行横向的资源整合，按照“一企一策、一业一案”为原则，以具备产业相对优势的企业为龙头，推进系统内企业同类合并、同质重组，带动板块提升核心竞争力。对于国资不具备核心竞争优势、不具备控股地位及不具备国资功能的资产和业态，加大出清的步伐，争取将有限的资源与精力布局在国资最需布局的领域与项目之上，实现与社会经济发展的同频共振，彰显国企的责任担当。国资委作为出资人，推动存量资产的有序进退，挖掘和释放存量资产价值效益，是其核心的功能使命。

四、布增量——引导国企合理投资布局

引导国资国企围绕国家战略和重大决策、国家产业政策及重点产业发展的总体要求，调整优化国有资本布局，加大对国有企业投资的规划引导力度，鼓励企业围绕核心发展主业开展科学化的对外投资，一方面服务于国家战略及产业的发展需求，彰显投资引领功能，另一方面布局未来重点产业，形成核心资产和技术，实现对产业链核心环节及关键技术的有效卡关，提升企业核心竞争力。近期，依靠基金手段，吸引社会资本，放大国有资本杠杆效应以投资引领国家重点项目和关键产业成为资本市场的最新动态，也应当成为国资委开展出资企业对外投资管理的重要关注点。

第二节　规范资本运作

“管资本”中的规范资本运作主要包括组平台、优产权、重财务、善治理四个方面。

一、组平台——促进国有资本高效运转

国有资本投资、运营公司是国资委探索管资本为主的重要履职助手，也是完善国资监管体制的重要功能性平台[1]。其中，国有资本投资公司主要以产业培育与发展为核心，主要做增量，做战略新兴产业、前瞻技术产业和民生保障产业的多元化投资；国有资本运营公司则主要围绕“融投管运”业务流程，通过对于存量国有股权、债权等存量资产的盘活处置，将促进股权流动、资产盘活所获取的资本投入新产业与项目之中。二者均围绕“试体制、试机制、试模式”来探索国资运营与监管的新路径与新方式。目前，央企21家两类公司和地方120多家两类公司正在开展如火如荼的试点，在当前及今后很长一段时间中，围绕两类公司的试点管理与运营也将成为各级国资监管机构的重要工作任务。

二、优产权——创新现代化的产权管理

新一轮国资国企改革将混合所有制作为改革的重点探索内容，中央及各地围绕混合所有制经济在上市、员工持股、基金、引进战略投资者等方面进行了多路径的探索，这也为现有的产权管理工作提出前所未有的挑战。产权管理是管资本的重要基础，如何结合企业资本形态发展的方式来创新现代化产权管理是摆在各级国资监管机构面前的重要难题。如混合所有制企业的产权登记、管理及注销，以及上市公司的多路径产权管理及基金的产权登记与管理工作等。

三、重财务——加强国有企业财务监督

以财务监督作为管资本为主的重点与核心抓手。一是推行全面预算管理

[1] 徐文进：《“管资本”功能视角下国有资本投资运营公司研究》，《东吴学术》2020年第5期。

制度，将项目流、资金流和人员流进行合理的集成，提升预算管理的科学性。二是开展国有经济运行分析和国有资产统计评价工作，对出资的国有企业整体财务运行状况及过程中的财务风险进行实时的监控把关。三是推行总会计师（财务总监）制度，作为国资委重要履职助手，实现对出资企业财务过程管理的实施掌控。未来，国资委作为出资人应当结合上述工作重点开展对企业财务监督工作的有效把控。

四、善治理——健全现代国有企业制度

公司治理是实现管资本为主的重要保障。一是以公司章程为载体，来明晰股东、董事会、经营层等治理主体的主要权责界面。二是以董事、监事等为核心抓手，以资本为纽带，以产权为基础，通过委派董事、监事等举措来进行现代化履职，并维护国有资本的合法权益。作为国有资本出资人，未来国资委应当以公司治理为主线，按照现代企业制度的要求来规范董事会、监事会的运作，为向“管资本”的调整提供重要基础保障。

第三节　提高资本回报

“提高资本回报”是“管资本”的重要目标之一，其实现途径主要包括放人事、活机制、精预算和严收缴四个部分。

一、放人事——构建现代化的企业用人机制

一是构建双轨制的领导人员管理体制。根据干部管理权限及企业类别和层级，实行选任制、委任制、聘任制等多元化的选人用人方式，在市场化程度、专业水平要求较高的岗位，实行职业经理人制度。二是推动重点岗位、关键人员的定期轮岗制度。一方面防范采购、财务、审计等关键岗位的系统性经营风险；另一方面也为优化企业经营层年龄结构，实时补充年轻化的新

鲜血液。三是开展中层干部的竞聘上岗机制。鼓励出资企业打破层级制岗位弊端，定期组织人员开展对中层岗位的竞聘上岗机制，确保组织人员能上能下，一方面形成良好的内部竞争氛围，另一方面也为年轻人构建职业上升的良好职业晋升通道。

二、活机制——建立市场化的薪酬考核管理机制

一是开展薪酬总额预算管理。根据企业发展战略和薪酬策略、年度生产经营目标和经济效益，综合考虑劳动生产率提高和人工成本投入产出率、职工工资水平市场对标等情况，合理确定出资企业年度薪酬总额目标。二是探索多元化的薪酬激励机制。对标行业通行做法，鼓励与支持出资企业依法合规采用股票期权、股票增值权、限制性股票、分红权、员工持股及其他方式开展股权激励，股权激励预期收益作为投资性收入，不与其薪酬总水平挂钩。支持国有创业投资企业、创业投资管理企业等新产业、新业态、新商业模式类企业的核心团队持股和跟投。三是实施任期制契约化的绩效考核管理。加强出资企业领导人员的任期制管理，将对产权代表的考核与企业董事会考核实行有效的统一，从企业经营绩效、特定功能项目、企业内部改革及党建社会责任等维度来构建科学化、系统化的绩效考核体系。

三、精预算——国有资本经营预算管理

做好国有资本经营预算管理工作，采取上下联动机制科学编制出资企业的国有资本预算方案，对其预算收入做好精准的测算。国资委作为出资人，为引导出资企业长远发展，应会同财政、审计等相关部门，合理安排国有资本经营预算项目支出，充分发挥国有资本经营预算的导向作用，推动国有经济布局和结构的调整，推动国有资本向优势产业、重点领域、重大项目集中，提高资源配置效率，增强国有经济的活力和影响力。

四、严收缴——严格收益收缴管理

规范国家与出资企业的分配关系，加强国有资本经营收益收缴管理，是向管资本调整的重要方向。国资委作为出资人，应当根据出资企业的发展阶段及业务属性，按照财政部及相关委办的统一规定，分阶段、分步骤地推动出资企业差异化的上缴国资收益，并组织出资企业开展国有资本经营收益（利润收入、股利、股息收入、产权转让收入、清算收入等）的申报工作，确保国有资本收益收缴工作的顺利开展。

第四节　维护资本安全

“维护资本安全”是“管资本”的底线要求，其主要内容包括强党建、新监管、整资源和强追责四个部分。

一、强党建——发挥党对国企全面领导作用

以加强党对国有企业的全面领导作用发挥为主线，重点着力四大领域。一是全面推进各级国有企业党组织建设工作，推动集团层面“双向进入、交叉任职”的体制设计，落实基层党组织建设及基层党员的发展职责；二是明确党组织参与企业重大事项的决策范围与决策程序，包括在公司章程中明确党组织在企业重大事项中的角色与作用；三是促进党的活动开展与企业经营业务的有效融合，实现党建活动开展与企业经营运作的协调统一；四是全面对接国资委负责国有企业党的建设职责要求，在管资本为主的大背景下，把握中国特色现代企业制度，将党建与公司治理进行创新化的融合，体现国企的政策体制优势。

二、新监管——建设智能化国资监管系统

充分运用移动互联技术手段，从国资监管业务出发，搭建实时在线的国资监管平台，整合包括产权、投资和财务等在内的信息系统，构建连通出资人代表机构与企业的网络平台，实现监管信息系统全覆盖。建设完善安全可靠的国资监管网络传输、数据动态采集、监管数据共享、监管业务应用和智能化决策支持等功能于一体的国有资产监管信息系统，建立健全覆盖组织、管理、标准、培训的国资监管信息化发展环境，形成国资监管信息化建设与发展的良性循环。作为国有资本出资人，在授权放权及管资本的大背景下，为更好开展授权后的监督管理，采取智能化监管将是提升国资监管效率的重要举措。

三、整资源——构建内外协同大监督体系

整合企业内部监督、出资人监督、纪检监察、巡视监督及社会监督，加快形成全面覆盖、分工明确、协同配合、制约有力的“多位一体”国有资产监督体系，充分发挥各监督主体主观能动性，建立监督工作协同机制，加强统筹，增强监督工作合力，形成监督工作闭环，减少重复检查，提高监督效能，并严格责任追究，体现监督严肃性、权威性和时效性，切实增强监督有效性，促进国有企业合规运行、可持续发展，防止国有资产流失。国资委作为国有资本的统一出资人，可作为发起主体，主动协同外部监督资源，共话国资协同监管的会商机制，并整合企业内部监督量，建立多层次的国有资产内外部协同的一体化协同监督体系。

四、强追责——加强违规责任追究管理

建立健全国有企业违规经营投资责任追究制度。明确企业作为维护国有资产安全、防止流失的责任主体地位，健全内部管理制度，严格执行国有企

业违规经营投资责任追究制度。建立健全分级分层、有效衔接、上下贯通的责任追究工作体系，严格界定违规经营投资责任，严肃追究问责，实行重大决策终身责任追究制度。国资委作为出资人，在授权放权的前提下，一方面要严格重大事项决策的责任追究制度；另一方面也应当建立健全容错纠错机制，全面落实“三个区分开来”，充分调动和激发企业参与改革的积极性、主动性和创造性。

第四章

调整优化国资监管机构职责

在明确了“管资本”的重点改革内容之后，需要对国有监管机构的职责进行相应的调整优化，上海国有资本运营研究院提出了国资监管机构现有履职事项的三维度分析模型，通过进一步明确国资监管机构的履职属性、履职重点及履职对象，提出了与“管资本”要求相适应的监管机构履职建议，以供出资人监管部门调整优化监管机构职责进行参考。

第一节　国资监管机构履职现状分析

根据当前国资监管机构内部履职现状，按照管资本为主的总体要求与趋势，从现有履职事项的“履职属性、履职重点及履职对象”三个维度，来分析各机构职责发展现状及未来履职发展建议（见图 4-1）。

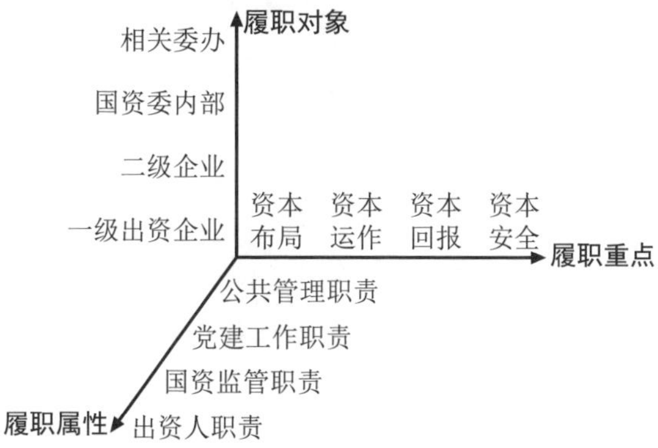

图 4-1　国资委职责分析三维架构图

一、履职属性

一是出资人职责。(1)“管资产”，即资产收益权，依法对国家出资企业盈余分配取得股息和红利。(2)“管人”，即选择管理者，依照规定的条件、程序和权利，任免国家出资企业相关管理人员。(3)“管事”，即参与重大决策，依法参与国家出资企业合并、分立、改制、上市，增加或者减少注册资本，发行债券，进行重大投资，为他人提供大额担保，转让重大财产，进行大额捐赠，分配利润，以及解散、申请破产等重大事项的决策。

二是监管工作职责。(1）战略管理。包括起草国有资产管理的行政性法规、规章草案和政策；指导推进国资改革重组，研究编制国资发展总体规划，推进现代企业制度建设，推动国有经济布局和结构的战略性调整等。(2）预算管理。包括建立和完善国有资产保值增值指标体系，并通过规划、预决算、审计、统计、稽核等，对国有资产保值增值情况进行监管；参与制定国有资本经营预算有关管理制度等。(3）契约管理。包括建立企业选人、用人的契约管理制度，完善经营者激励和约束制度，履行对所监管企业工资分配的监管职责，制定所监管企业管理者收入分配办法并组织实施等。

三是党建工作职责。国资委国有企业党的建设职责主要包括国有企业党的建设、国有企业党的领导作用发挥及国有企业党风廉政和反腐败工作。

四是公共管理事项。国资委目前还承担作为漏斗承接的社会公共管理职责（如环保、安全生产、稳定、就业等）。

二、履职重点

一是优化资本布局。加强战略规划引领，改进对监管企业主业界定和投资并购的管理方式，遵循市场机制，规范调整存量，科学配置增量，加快优化国有资本布局结构。

二是规范资本运作。加强对国有资本运营质量及监管企业财务状况的监测，强化国有产权流转环节监管，加大国有产权进场交易力度。按照国有企业的功能界定和类别实行分类监管。

三是提高资本回报。改进考核体系和办法，综合考核资本运营质量、效率和收益，以经济增加值为主，并将转型升级、创新驱动、合规经营、履行社会责任等纳入考核指标体系。着力完善激励约束机制，将国有企业领导人员考核结果与职务任免、薪酬待遇有机结合，严格规范国有企业领导人员薪酬分配。建立健全与劳动力市场基本适应，与企业经济效益、劳动生产率挂钩的工资决定和正常增长机制。

四是维护资本安全。推动监管企业不断优化公司法人治理结构，把加强党的领导和完善公司治理统一起来，建立国有企业领导人员分类分层管理制度。强化国有资产监督，加强和改进监事会制度，建立健全国有企业违法违规经营责任追究体系、国有企业重大决策失误和失职渎职责任追究倒查机制。

三、履职对象

一是出资企业，国资委履行出资人的企业，包括国有资本投资运营公司、产业类企业集团及公益性企业集团等。

二是国资委，包括国资委内设机构及各地国资监管部门，主要是委内正常运转工作及指导监督地方国资监管工作等。

三是相关委办部门，包括国务院国资委各直属部门以及相关的行业协会等。

第二节　与管资本相关机构的履职建议

针对国资监管机构履职现状，结合“管资本”的趋势要求，提出如下履职建议：

一、规划发展部门

针对规划发展部门，建议可从关注企业前期的战略规划审批（或备案），向后期的战略规划评价及战略考核转变，从更加注重前期的主业核定，向执行过程中的动态调整转变，从静态的资产管理向动态的进退流转转变，从传统的项目（资金）投资向投资基金化转变。

二、财务监管部门

针对财务监管部门，建议重点聚焦全面预算管理、财务信息化预警体系的构建、企业财务运行状况的分析及财务管理人员的动态监管等，通过常规化的制度设计来督促企业重点关注科学化的财务预算管理、实时的信息划监管、前瞻性的财务分析预测及动态化的人员管理来防范企业的经营性风险。

三、产权管理部门

针对产权管理部门，建议着重迎合时代发展的脉搏来调整自身在产权管理方面的履职方式与重点，着重于产权登记、产权管理及产权交易等重点环节。

四、考核分配部门

针对考核分配部门，建议引进行业对标机制，对现有绩效考核方法、薪酬管理手段及中长期激励方式等进行更新，以市场化为导向，运用更为科学化、专业化的方法来实现对产权代表的高效管理与考核。

五、企业改革部门

针对企业改革部门，建议在公司章程制定、董事会成员任免及股东事项等方面进行着力履职。坚持董事会在国有企业治理中发挥中心作用，使其具有独立性、专业性和可问责性；按照股东或股东会的权责范围来行事。

六、资本运营部门

针对资本运营部门，建议抓紧对中央两类公司改革试点情况的评估，及时总结经验，迅速进行推广。从资本运营的预算编制及收益收缴方面进行统筹的设计，鼓励与督促企业围绕资本的高效运营开展重点工作，一方面确保国资收益的有效收缴；另一方面促进国有资本收益的科学化布局投资。

七、科技创新部门

针对科技创新部门，建议从顶层设计层面进行统筹，进一步细化创新扶持举措，进一步推进国企社会责任履行。

八、人员管理部门

针对人员管理部门，建议以产权为基础，以外部董事管理作为“切入点”，加快构建一支专职、专业化外部董事队伍，着力打造一支职业化、专业化的领导人员班子队伍，加强对所监管企业领导人员的人才使用、教育培育、干部监督及离退休管理，以服务支撑企业发展的人才战略。

九、党建工作部门

针对党建工作部门，建议重点调整为督促各级出资企业加强党的建设、指导各级企业实现党对国有企业的领导作用发挥及引导各级企业将党的活动开展与业务进行有效融合，真正地将党建融入公司治理、融入企业重大事项决策及融入企业业务经营运作，体现国有企业体制的优越性与先进性。

十、监督追责部门

针对监督追责部门，建议依托“大监督”体系，整合内外部监督线索，加强所监管企业违规经营投资责任追究工作，建立监督追责工作体系；分类处置、督办和核查所发现移交的问题，对有关共性问题开展专项核查；组织开展国有资产重大损失调查，提出有关责任追究的意见建议。

第五章

建设中国特色现代企业制度

早在 1993 年党的十四届三中全会通过的《中共中央关于建立社会主义市场经济体制若干问题的决定》中就极其深刻地指出:“以公有制为主体的现代企业制度是社会主义市场经济体制的基础”,同时,现代企业制度的基本特征在《决定》中被明确界定,产权关系明确,法人制度健全,政企职责严格分开,灵活市场竞争机制建立和企业行为依法规范等现代企业制度的建设要点也被明确提出。

现代企业制度的建立是一项无比艰巨的任务,首次提出距今已近 30 年,然而十四届三中全会《决定》提出的这些现代企业制度特征,在当今的企业中,可以说仍然尚未得到普遍和完整的体现,从而导致政企不分及所有权经营权不分的突出问题还在一定程度上困扰着国有经济的发展。

“管资本”是国资监管部门的总体监管思路,基于外部视角;而现代企业制度则是国有企业自身发展目标,基于内部视角。“管资本”提出的“优化资本布局”“规范资本运作”“提高资本回报”“维护资本安全”的四大任务通过“加强党的领导”,形成与国有企业建立现代企业制度这一自身要求外部和内部的有机统一,为国企改革发展提供根本保证,通过进一步完善法人治理结构,为国企行权能力建设夯实基础,进一步激发经理层活力,从而巩固和深化国资国企改革成果,推动国有企业持续高质量发展。

第一节　政策要求

从 1987 年党的十三大报告提出国有企业股份制改革，经历“公司制改革试点”，到 1993 年党的十四届三中全会提出“建立现代企业制度”，对国有企业实行所有权和经营权分离改革，再到 2017 年全部改制为公司，三十年的时间，我国一直在推进建立现代企业制度，具体可总结为三个阶段：

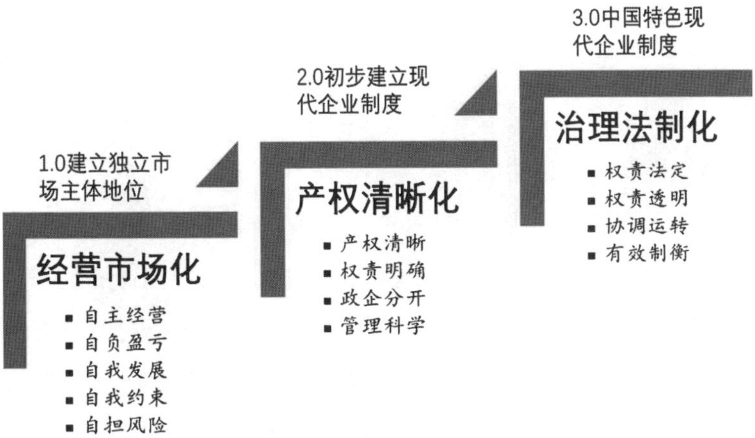

图 5-1　国有企业建立现代企业制度的三个阶段

一、打造独立市场主体地位

国有企业初步从计划经济走出来，开始以市场需求为基础提供产品，国有企业负责人开始以经济价值衡量贡献，提倡“五‘自’经营”，即“自主经营、自负盈亏、自我发展、自我约束和自担风险”。

二、初步建立现代企业制度

1993 年，党的十四届三中全会提出建立现代企业制度，党的十五大提出力争到 20 世纪末大多数国有大中型骨干企业初步建立现代企业制度的目标。围绕“产权清晰、权责明确、政企分开、管理科学”十六字核心，国有企业现代企业制度建设进入 2.0 发展阶段，在企业产权清晰明确的基础上，充分实现政企分开条件下的企业微观独立经营和管理现代化。随着 2003 年之后国资监管体制调整到位，国有企业进一步开始建立和完善法人治理结构，推进和规范董事会试点改革，为进一步优化制度奠定了基础。

三、加快推进中国特色现代企业制度建设

2016 年 10 月，习近平总书记在全国国有企业党建工作会议上强调指出“两个一以贯之”，明确要求建设中国特色现代国有企业制度。2017 年 5 月，国务院发布《关于进一步完善国有企业法人治理结构的指导意见》，从国有企业实际情况出发，根据功能分类，把握重点，进一步健全各司其职、各负其责、协调运转、有效制衡的国有企业法人治理结构。2020 年 12 月，中央深改委审议通过了《关于中央企业党的领导融入公司治理的若干意见（试行）》，对于中央企业党委（党组）在公司治理中的定位和作用系统进行了说明。2021 年 2 月，国资委和财政部联合制定《国有企业公司章程制定管理办法》，指导全国国有企业优化细化公司章程，提出了明确的内容要求和方法要求。

——“中国特色”主要体现在把党的领导融入公司治理各环节，把企业党组织内嵌到公司治理结构之中，明确和落实党组织在公司法人治理结构中的法定地位，做到组织落实、干部到位、职责明确、监督严格。

——“现代企业制度”的基本内涵可以概括为：以市场经济为基础，以企业法人制度为主体，以产权清晰、权责明确、政企分开、管理科学为条件的新型企业制度。即特征是产权清晰、权责明确、政企分开、管理科学；理念是产权相互制衡，又分工协调；治理结构是“三会一层”，即股东会、董事会、监事会和经理层；现代企业制度与坚持党的领导，两个“一以贯之”，从而建立具有中国特色的现代国有企业制度。

第二节　理论内涵

中国特色现代企业制度可以分成坚持和加强党的领导、完善法人治理结构和激发经理层活力三个层次来理解。分层来看，中国特色现代企业制度具体落地中涉及以下关键事项：

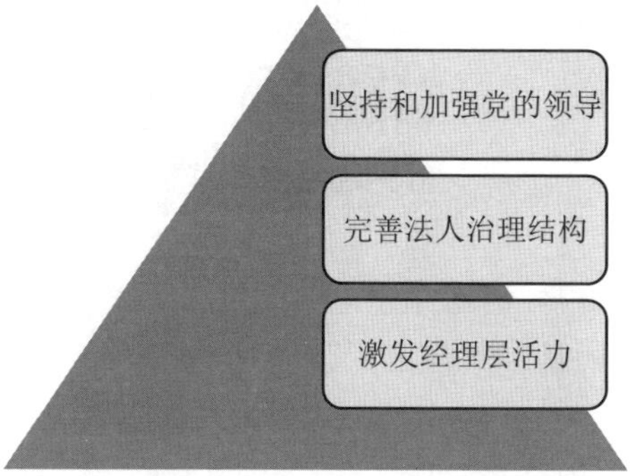

图 5-2　中国特色现代企业制度实施落地三层结构

一、第一个层次：坚持和加强党的领导

坚持和加强党的领导，需要破解党组织内如何嵌到法人治理结构中的难题，要结合不同企业股权结构（全资、控股、参股）和党组织结构（党委、党总支、党支部等）的实际，把加强党的领导和完善公司治理统一起来。党委要充分发挥“管方向、把大局、保落实”的重要作用，规模较小的党总支（党支部）则可更多发挥基层战斗堡垒作用和党员先锋模范作用，使党组织工作制度化、规范化、程序化。

一是党建入章程需要明确“入什么”和“怎么入”。“入什么”应根据《党章》《公司法》和国企党建政策有关规定，在公司章程中明确党组织职责权限、机构设置、运行机制等重要事项，使党建工作要求在公司章程中得到充分体现。“怎么入”需结合企业股权结构、经营管理等实际，区分国

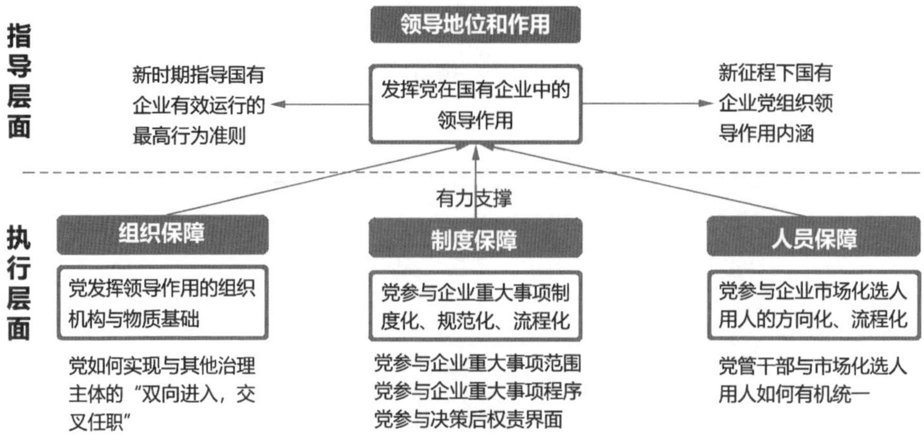

图 5-3　坚持和加强党的领导示意图

有独资、全资企业，国有资本绝对控股企业与国有资本相对控股企业，上市公司与非上市公司等不同情况，分类推进党建工作要求纳入公司章程工作。

二是“双向进入、交叉任职”的领导体制方面需要完善党组织重大事项决策机制，进一步清晰界定党委会、董事会、总经理办公会决策权限及相应的决策流程，明确党组织在经营决策、执行、监督各环节的权责和工作方式。

三是前置研究讨论要结合不同层级、不同类型企业，清晰界定和细化党组织决策事项清单，厘清股东会、党委会、董事会、经理层等的权责边界，避免各治理主体间的过度重合决策。党组织决策事项包括两个方面，一是党组织有决定权的决策内容，涉及党的建设、落实党中央的决策部署和企业重要人事任免三种类型，由党委研究决定，董事会经理层按程序办理；二是党组织有把关权的决策内容，依据法律法规、监管要求和企业管控模式，涉及董事会、经理层决定的重大决策事项，由于涉及“三重一大”内容，由党组织进行前置讨论，然后将建议提交董事会讨论并最终决定。

四是强化党对国有企业干部的管理。习近平总书记提出国有企业领导人员要敢于担当，做到“对党忠诚、勇于创新、治企有方、兴企有为、清正廉洁”，这是国企党员领导干部的标准，也是肩负起做强做优做大国有企业，履职尽责、担当有为的总要求。

二、第二个层次：完善法人治理结构

公司治理是完善中国特色现代企业制度的重要环节，而董事会建设是公司治理的关键，董事会的有效运行决定着公司内部治理机制的健全与否；监事会是公司的监督机构，对董事会、经理层成员的职务行为进行监督。

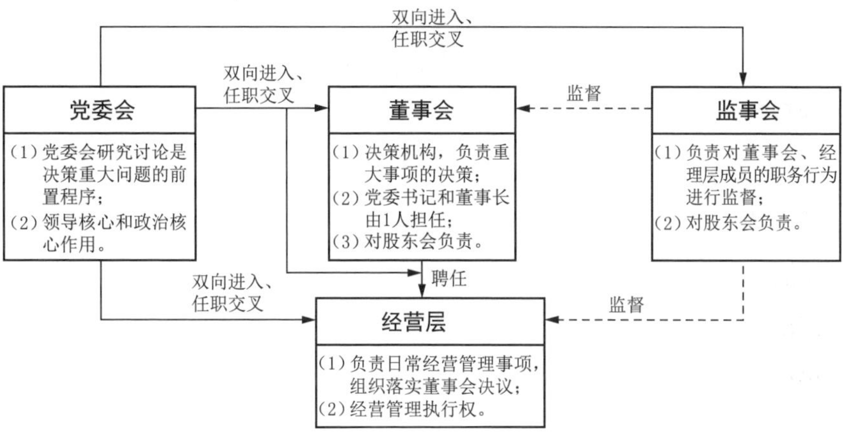

图 5-4　“三会一层”关系示意图

一是加强董事会核心作用。进一步优化董事会的成员结构，抓好董事会“应建尽建”。对于具备条件但尚未建立董事会的企业，要尽快补齐短板，做到应建尽建；对于已经建立董事会的企业，要把董事会成员配齐建强，努力实现外部董事占多数，提高董事会科学决策的能力和水平。同时通过增强专业委员会的能力，提升董事会科学决策水平，可以触摸到痛点，触摸到温度，并且能够达到决策必需的深度。做实董事会关键职权。基于董事会的功能定位和治理能力等实际，制定对董事会的放权授权清单，处理好董事会与党委、经理层等治理主体之间的关系，厘清权责边界，以权责清单化、透明化明示董事会行使的职权，切实落实和维护董事会依法行使重大决策、选人用人、薪酬分配等方面的关键职权，提高董事履职能力和董事会履职水平。完善董事的履职能力建设和履职体系保障。董事需要具备四个条件：第一是有权，也就是必须拥有与决策责任匹配的权利；第二是有闲，他必须能有充足的时间来到企业实际工作；第三是有钱，需要有履职对应的报酬机制；第四是有责，一定要承担考核的责任，为其做出的决策负责。

二是提升监事会监管效能。整合集团内部审计、法务、财务等监督资源，构建“大监督”机制，确保监事会在公司股权管理、日常经营活动中的知情权、调查权、质询权和建议权落实到位、贯穿始终。建立外派专职监事制度，培养一批专业化、职业化的专职监事队伍，拓宽外部来源渠道，完善相应的管理配套制度体系。

三、第三个层次：激发经理层活力

激活企业微观主体活力，激发企业的市场动能，是中国特色现代企业制度体现出市场经济特点的基层动力。对于国有企业而言，要通过选人用人机制市场化和激励约束机制的多样化、精准化，使国有企业融入全球产品市场和要素市场。

一是推行市场化的干部选人用人机制。在全国范围内推进国有企业经营层的任期制、契约化管理，在符合条件的企业推进职业经理人制度，就是为了在建设现代国有企业管理体系方面，建立起符合中国特色现代公司管理制度的重要市场化机制。

二是“一企一策”充分授权放权。国有企业在业务执行当中，董事会要发挥决策作用，要成为治理中枢神经，要有一个很好的股东单位授权，董事会再根据企业情况将部分权力授予经营层，这样有效的授权机制，也是推动经营层活力提升的重要部分。

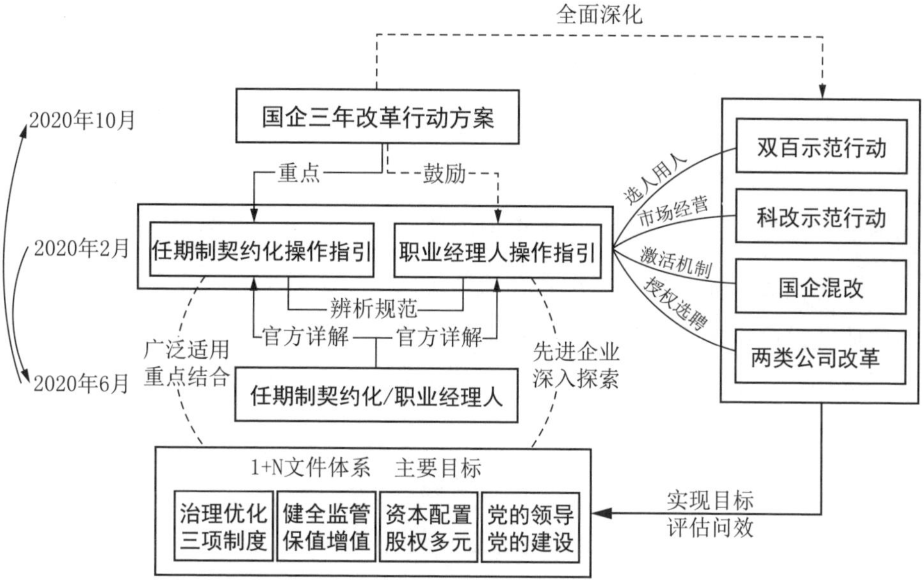

图 5-5　激发经营层活力示意图

第三节　突破方向

习近平总书记在全国国有企业党的建设工作会议上深刻指出，坚持党对国有企业的领导是重大政治原则，必须一以贯之[1]。因此，在国有企业建设现代企业制度的实践中，必须贯彻党的核心引领作用，提升董事会的专业决策能力，强化监事会的有效监督能力，激发经理层的市场经营活力，在中国特色现代企业制度建设方面形成全方位、多层次的突破。

一、核心引领：发挥党委会领导作用的路径与措施

（一）持续完善党委前置研究程序

进一步推进国企及其下属企业将党建工作总体要求纳入公司章程，明确

[1] 习近平：《坚持党对国有企业的领导不动摇》，《人民日报》2016 年 10 月 12 日。

党组织在法人治理结构中的法定地位，完善领导体制。落实“双向进人、交叉任职”的领导体制，全面推行“一肩挑”，确立党组织在法人治理结构中的领导地位。防止企业因治理主体定位不清出现混同和取代现象，防止企业因权力集中、制衡失效出现“一言堂”现象。

一是完善“三重一大”决策事项清单。根据政策文件要求，分层分类结合不同企业的实际情况，特别是在梳理过去决策事项的基础上，明确党委会前置研究讨论责任具体清单，对重要经营管理事项，按照预算计划、规划改革、具体经营三类，把一般性、原则性的规定转化为具体的清单，使党组前置研究讨论更加具体化、规范化。

二是制定“1+3”权责表。按照“权责发生制”的思路，以划分党委会、董事会、经理层等治理主体权责关系为突破口，以制度体系中的公司章程（即“1”）、党委会议事规则、董事会议事规则、总经理议事规则（即“3”）为基础，系统梳理党委会、董事会、经理层在决策、执行、监督环节的权责关系，按照人权、事权、财权划分人力资源类、管理类和金额类事项，形成了“1+3”权责表，构建现代国企决策授权体系。在此基础上，梳理现有基本管理制度，实施制度废、改、立计划，为建立职责明确、有机融合、运转协调的决策机制奠定基础。

在“1+3”权责表设计中，关注的权责事项均为企业改革发展、经营管理中的主要事项，包括财权和事权。其中：财权细分为财务管理权限、资产管理权限，事权按照制度建设、战略与改革、计划管理与业绩考核、党的工作、审计、企业党的建设与企业文化建设、风险管理、重要报告、其他事项等权限进行细分。针对涉及经费事项，按照不同额度在治理主体间区分决策权限。以关键环节为主划分权责行为，“1+3”权责表明确每个权责事项可划分为最终决策权、审议权、提议权（含建议权、拟订权等）三种权责行为，不同治理主体根据管理需要可实施不同权责行为。

案例1　中国宝武钢铁集团贯彻落实党组织研究讨论前置程序要求的实践

一是建立一个清单："三重一大"决策事项清单。落实重大事项决策前置要求，首先要界定哪些事项属于"重大事项"。中国宝武认真梳理党的十八大以来党中央及国务院国资委相关文件制度，比对发现中央企业党委（党组）发挥领导作用的各个方面与"三重一大"事项范围基本吻合，从而明确"三重一大"事项作为重大事项履行前置程序。按照这一思路，充分汲取原宝钢集团、原武钢集团经验，制定出台《中国宝武"三重一大"事项决策实施办法（试行）》，建立了决策事项清单，将"三重一大"事项细分为重大决策、重要人事任免、重大项目安排、大额度资金运作四大类共81个子项。其中34项由党委常委会审定，主要集中在"重大决策"类中加强党的建设部分，以及"重要人事任免"类事项，体现全面从严治党要求和党管干部原则；其余47项主要为经营管理类事项，党委常委会研究讨论后，由公司常务会、董事会决策。清单对每个子项的决策范围、决策主体、决策方式都有明确规定。比如，第2项"公司党建规划、党委年度总结和工作计划"，决策主体为党委常委会，明确由其"审定"；第21项"公司发展战略和中长期发展规划"，决策主体为董事会，党委常委会、常务会承担"审核"责任，董事会负责审定，最终"报国资委批准"。

二是规范一套程序：重大事项决策程序。为保证决策的科学性和高效率，降低由于各决策主体信息不对称带来的"代理成本"，在决策程序上，着重从两个方面予以规范：一方面，明确决策流程。进入党委常委会研究讨论的重大事项，党的建设和人事类事项由党委常委会直接决策审定，除此之外的经营管理类事项，常委会须形成"同意""原则同意"或"不同意"意见。对"同意""原则同意"事项，常委会可提出要求或意见建议，并进一步提交常务会、董事会决策；对“不同意”事项，不提交常务会和董事会。另一方面，保证集体决策。修订后的《党委全委会、常委会制度》明确规定，“提交审议的议题由常委会集体决策”“常委会会议应当有半数以上常委到会方可召开，讨论和决定干部任免必须有三分之二以上常委到会方可决策”。

三是完善三项制度：《党委全委会、常委会制度》《公司常务会制度》《董事会议事规则》。原宝钢集团在建立规范董事会试点过程中，已形成较完备的公司治理结构和决策体系。在此基础上，按照中央最新精神，修订完善《党委全委会、常委会制度》《董事会议事规则》，制定《公司常务会制度》，建立了由总经理主持，党委常委、副总经理和其他相关人员参加的公司常务会。明确党委常委会、公司常务会、董事会是公司的决策主体，党委常委会研究讨论作为前置程序。重新界定了党委全委会和常委会议事范围，特别提出“党委常委会研究讨论拟提交董事会、经理层审定的公司重大决策事项、重大项目安排事项、大额度资金使用事项，履行前置程序，参与重大经营管理事项的决策”，从顶层设计上确保重大事项决策必须先由党委研究讨论。

（二）创新混合所有制企业党建融入方法

一是国有企业控股的混合所有制企业必须建立党组织。有效解决党的领导在混合所有制企业中缺位、弱化、虚化、边缘化问题，将“设立党组织”写入公司章程。

二是将非国有企业党员全部纳入企业党组织，主动吸纳有能力的非国有企业党员（因非国有企业党员一般不具备国家承认的干部身份）进入企业经理层，为非国有企业党员在混合所有制企业中发挥先锋模范作用提供平台。

三是稳步推行党组织前置程序。在取得非国有资本方面理解信任的基础上，稳妥有序落实党组织前置程序，确保党组织的领导核心和政治核心作用充分发挥。

表 5-1　混合所有制企业党组织发挥作用途径与方式

<table>
<tr><th rowspan="2">序号</th><th rowspan="2">途径与方式</th><th rowspan="2">国有全资企业</th><th colspan="2">混合所有制企业</th><th>非公企业</th></tr>
<tr><th>绝对控股</th><th>相对控股</th><th>国有参股</th></tr>
<tr><td rowspan="4">1</td><td rowspan="4">参与决策</td><td colspan="2">坚持和完善“双向进入、交叉任职”的领导体制。</td><td rowspan="4">党委委员与公司治理结构成员最大限度融合。建立风险防控机制，保证企业正确发展方向。</td><td rowspan="10">党组织在职工群众中发挥政治核心作用，在企业中发挥政治引领作用。</td></tr>
<tr><td colspan="2">参与企业“三重一大”等根本性、方向性、长远性和全局性重大问题决策。</td></tr>
<tr><td colspan="2">规范企业党组织参与决策程序。</td></tr>
<tr><td colspan="2">支持董事会、监事会和经理层依法行使职权。</td></tr>
<tr><td rowspan="3">2</td><td rowspan="3">主导用人</td><td colspan="2">坚持党管干部原则与董事会依法选择经理层一级经理层依法行使用人权相结合，发挥党组织在选人用人工作中的领导和把关作用。</td><td rowspan="3">确保提名委员会控制力，发挥党组织在选人用人上的全程把关作用。</td></tr>
<tr><td colspan="2">建立职业经理人制度，加强市场化选聘。</td></tr>
<tr><td colspan="2">坚持党管人才原则，制定人才规划，改进人才结构，提升人才素质能力。</td></tr>
<tr><td rowspan="3">3</td><td rowspan="3">保证监督</td><td colspan="2">落实党内监督制度，加强对企业领导人员的监督，落实党风廉政建设责任制，保证监督党和国家方针政策在企业的贯彻执行。</td><td rowspan="3">党的监督覆盖董事会、监事会、经理层的各类班子成员，贯穿企业决策、监督、执行各管理环节。</td></tr>
<tr><td colspan="2">民主监督，畅通以职代会为主要形式的民主监督渠道，发挥好职工董事、职工监事监督作用。</td></tr>
<tr><td colspan="2">加强对企业领导人员履职行为监督，整合监督资源，形成监督合力。</td></tr>
</table>

（续表）

<table>
<tr><th rowspan="2">序号</th><th rowspan="2">途径与方式</th><th rowspan="2">国有全资企业</th><th colspan="2">混合所有制企业</th><th>非公企业</th></tr>
<tr><th>绝对控股</th><th>相对控股</th><th>国有参股</th></tr>
<tr><td rowspan="2">4</td><td rowspan="2">协调各方</td><td colspan="2">加强与董事会、监事会、经理层的协调沟通，维护股东权益。</td><td rowspan="2">保证党的意志在决策中充分体现。</td><td rowspan="2">维护各方利益。</td></tr>
<tr><td colspan="2">加强职工与治理结构的沟通，维护职工合法权益。</td></tr>
<tr><td rowspan="2">5</td><td rowspan="2">带头执行</td><td colspan="3">带头执行党和国家方针政策，自觉维护党和国家利益。</td><td rowspan="2">促进企业健康发展。</td></tr>
<tr><td colspan="3">带头执行企业重大决策部署，引领职工群众推动企业重大决策贯彻落实。</td></tr>
<tr><td rowspan="3">6</td><td rowspan="3">思想引领</td><td colspan="3">加强学习宣传和思想教育，注重人文关怀，维护职工合法权益。</td><td>宣传贯彻党的路线方针政策。</td></tr>
<tr><td colspan="3">推动企业文化建设，用文化纽带凝聚职工思想，推进改革发展。</td><td>建设先进文化。</td></tr>
<tr><td colspan="3">领导并发挥工会、共青团等群众组织和职代会作用，巩固党的阶级基础。</td><td>团结凝聚职工群众。</td></tr>
<tr><td rowspan="3">7</td><td rowspan="3">组织保障</td><td colspan="3">加强基层党组织建设，提高覆盖率，发挥战斗堡垒作用。</td><td rowspan="3">加强组织保障。</td></tr>
<tr><td colspan="3">加强党员队伍教育、发展与管理，发挥先锋模范作用。</td></tr>
<tr><td colspan="3">完善党组织工作条件，创新党建工作方式与载体，增强党建工作活力。</td></tr>
</table>

案例 2　中国建材推进混合所有制企业党组织地位与作用发挥

中国建材集团是一家依靠联合重组快速成长的中央企业，是国务院国资委“发展混合所有制经济”改革试点的中央企业。集团在联合重组近千家不同所有制企业的改革过程中，始终把党建工作作为一条主线，与中心工作融为一体，彰显了央企独特的政治优势，有力促进了企业改革发展。主要做法包括：

一是将设立党组织和开展党建工作作为推进混合所有制改革的必要前提。在重组谈判时，明确依据《党章》《公司法》设立党组织和开展活动的法律基础，阐明党组织在治理结构中的职能定位，达成认同党建、支持党建的共识，将设立党组织和开展党建工作写入重组协议；在制定公司章程时，明确规定“两公开两纳入两支持”，即党组织及工作机构公开挂牌、公开活动，党务人员纳入编制，党的活动经费纳入预算，支持党的工作和群团工作开展，让来自不同所有制企业的职工都感受到央企的政治保障优势；在设立党的组织时，坚持“三同时”原则，即党的组织建设、干部配备和工作谋划与重组企业建设同时谋划、人员同时配置、工作同时开展。对党建基础薄弱的，采用“1+N”模式，把同区域内数家小企业纳入一家党建基础好的企业党组织，实现全覆盖。向新联合重组企业派驻辅导员，推行“辅导员制”，把集团党建、经营理念和企业文化快速复制，为“混改”企业党建工作有效开展提供人才保障。

二是把提高规范化水平作为混合所有制企业党建工作的重要抓手。针对联合重组企业党建工作基础不平衡问题，集团坚持“宽严相济”原则，一方面，完善制度、规范要求。建立完善“双向进入、交叉任职”体制，制定《党委会议事规则》，明确党委参与决策的内容和程序，在重大问题决策中，党组织集体研究形成意见，与董事会充分沟通。充分尊重经理层依法行使选人用人权，党组织参与干部考察及考核，保证党管干部原则的贯彻落实；另一方面，因企制宜、突出特色。联合重组企业都有自己的成长特色，只要有利于企业发展、有利于党组织作用发挥、有利于调动职工积极性，都鼓励保留，不强求一律，形成不同企业党建“特色品牌”。

三是把融入中心发挥优势作为混合所有制企业党建工作的根本目标。在职业经理人队伍建设方面，联合重组企业大多保留了原有管理团队，按职业经理人管理，通过恳谈会、谈心会、民主生活会，主动沟通、坦诚交心，加强“跟进教育”；选派职业经理人到党校、行政学院等参加培训，举办中青班、研修班、党建班、博士班等，提高职业经理人综合素质；帮助解决户口、子女入学等实际困难，消除后顾之忧，实现了职业经理人与企业之间“双向认同”，央企控制力与民企活力相互融合。在协调利益关系方面，针对不同所有制股东诉求重点不同，党组织发挥“稳压器”作用，主动沟通协调，有效平衡国有股东与非国有股东在追求利润、承担政治责任和社会责任上的差异；领导工会、共青团等组织开展活动，保障职工合法权益，融洽了职工与管理层的关系；与地方建立定期互访、共建机制，争取更多政策支持和地方资源，保证了集团联合重组的企业没有一家“反水”。在推进管理整合和文化融合方面，发挥组织优势，使党建工作成为联合重组企业管理整合的“先导”，将重组初期党建工作重点落在促进新管控体系和集团战略决策的实施上，探索形成了“八大工法”“六星企业”等管理创新成果。坚持以人为本，倡导“待人宽厚、处事宽容、环境宽松和凝聚力、向心力、亲和力”的“三宽三力”理念，给联合重组企业职工带来强烈归属感，促进了企业稳定发展。

（三）建好用好管好干部队伍

一是坚持党管干部原则，加强选人用人制度建设，优化干部管理范围。严格落实新时期好干部标准和国有企业领导人员“二十字”要求，树立重政治、重德行、重实绩的用人导向。

二是严格选拔任用程序，拓宽选人用人渠道，强化党委领导和把关作用。对重要人事任免事项，严格执行酝酿动议、民主推荐、组织考察、党委会研究、公示、任前谈话、印发任职或推荐任职文件等选拔任用程序，按要求落实领导干部“凡提五必”，严防“带病提拔”“带病上岗”。

三要引导领导班子优势互补，促进行动融合。在年龄结构上互补，老中青搭配，保障领导班子有精力、有魄力、有阅历地开展工作；在知识结构上互补，各自具备分管领域的专业见识和管理视野；在团队角色和领导风格上互补，尊重差异、利用差异，不断提升领导班子成员合力。

二、专业决策：提升董事会运行效能的路径与措施

（一）分类明确董事会定位

按照提升董事会运行实效要求，参考当前功能分类，建议分类明确企业董事会定位。

一是竞争性企业打造战略决策型董事会。国有股东扮演的是“积极股东”的治理角色，在向“管资本”为主的职能转变中，通过法定程序对董事会充分授权，明晰权力机构和决策机构之间的事权关系。董事会是高度独立的经营决策责任主体，更多地实现分权制衡和市场约束。董事会聚焦决策、用人和防风险三大核心职能。国资监管机构可以按照《公司法》和《国有资产法》有关规定，把部分出资人权利在公司章程中明确授予董事会。

二是功能性企业打造战略监督型董事会。政府和国有企业间除了国有资本出资关系外，兼有特定目标任务的委托管理和公益目标任务的特许或授权管理关系。功能类国有企业都需规范建设战略监督型董事会。战略监督型董事会是受托完成特定目标的决策责任主体，其决策事项的权限由公司章程明确规定，对特定目标执行管理和在委托授权范围内行使决策并承担营运责任。

表 5-2　分类推动企业董事会差异化建设（建议）

类　别	竞争性企业	功能性企业
董事会定位	战略决策型董事会	战略监督型董事会
人员建议	7 人	5 人
人员构成	董事长 + 总经理 + 外派总会计师 +3 名外部董事 + 职工董事	董事长 + 总经理 + 外派总会计师 + 1 名外部董事 + 职工董事
专门委员会建设	鼓励战略决策型董事会建设四大专门委员会	有条件的企业，根据公司发展目标和方向，选择设立专门委员会

（二）优化董事会规模结构

一是分类完善董事会成员结构。对于竞争性企业，推动构建 7 人战略决策型董事会，积极引入外部董事，提高董事在公司所涉及行业及专业领域（如战略、财务、法律等）的覆盖度，提高专业决策能力，发挥董事会对重大事项的战略决策作用，逐步设立外部董事占多数的专门委员会，为董事会决策提供咨询意见和建议。对于功能保障类企业，构建 5 人战略监督型董事会，强化监督和风险控制职能。

按照“双向进入、交叉任职”要求，董事长与党委书记“一肩挑”，总经理（党委副书记）担任内部董事，按照民主选举的方式产生职工董事进入董事会，外部董事均由国资委外派。

表 5-3　竞争性国企董事会成员构成（建议）

董事构成	双向进入
董事长	党委书记
董　事	总经理、党委副书记
总会计师	国资委外派
外部董事	国资委外派，外部董事人才库选聘
外部董事	国资委外派，外部董事人才库选聘
外部董事	国资委外派，外部董事人才库选聘
职工董事	职工代表大会选举

表 5-4　功能性国企董事会成员构成（建议）

董事构成	双向进入
董事长	党委书记
董　事	总经理、党委副书记
总会计师	国资委外派
外部董事	国资委外派，外部董事人才库选聘
职工董事	职工代表大会选举

二是设立董事会专门委员会。建议有条件的国企组建战略规划与决策委员会、审计与风险委员会、提名委员会、薪酬与考核委员会四大专门委员会，负责为董事会决策提供意见和建议。

表 5-5　董事会下属各专业委员会人员构成及职能（建议）

名　称	主　席	委　员	职　　能
战略规划与决策委员会	担任集团党委副书记、总经理的董事	内部董事两名	主要负责对集团发展战略、中长期发展规划、重大决策进行研究并提出建议。
审计与风险委员会	审计、风险控制相关专业外部董事	- 内部董事一名 - 外部董事一名	主要负责提议聘请或更换外部审计机构，指导内部审计工作，审核集团财务信息及其披露，对内部控制制度进行审查和评估，对集团总体风险管理进行指导和监督。
提名委员会	党委书记、董事长	- 内部董事一名（担任集团党委副书记、总经理的董事） - 外部董事一名	主要负责对集团董事、高级管理人员的任职资格进行初步审查，向董事会提出总经理人选建议，并对总经理提名的人选进行考察，向董事会提出考察意见。
薪酬与考核委员会	外部董事一名	- 内部董事一名 - 外部董事一名	主要负责研究集团考核评价办法和薪酬制度。组织集团内部董事、高级管理人员考核评价，并提出薪酬分配意见。

三是建立外部董事人才库。由国资委建立外部董事人才库，对入库人选进行科学建档，分类管理，打造一批政治素质高、治理能力强的外部董事队伍。拓宽外部董事来源渠道，外部董事人才库的人员总量应保持在实际需求人数的 3 倍左右，在专业、特长等方面的人员比例要与企业的实际需要相协调。国资委对入库人员的任职资格实行动态管理，入库人员的任职资格有效期原则上为三年，期满后需组织重新评审，以确定是否保留入库资格。完善外部董事管理配套制度，严格执行履职记录和工作报告制度。

表 5-6　外部董事来源、日常管理和委派方式（建议）

项　目	具体内容
外部董事来源	- 争取组织部支持，遴选一批刚刚从国有企业中退休的领导干部，通过一定培训，纳入国资委外部董事人才库。 - 在国有企业现有经营层中，遴选一批不满一个任期的领导干部，通过一定培训，纳入国资委外部董事人才库。 - 通过市场化方式，公开选聘具有一定理论基础和实务经验的外部董事等。
外部董事管理	- 开展外部董事的定期培训（上岗培训 + 业务培训）。 - 开展外部董事的定期述职。 - 开展外部董事的考核评价。
外部董事委派	根据企业特点，1 名外部董事可在 2—3 家企业中同时任职。

案例 3　山东省国资委建立董、监、高“三类人才库”

山东省稳步推进外部人才库建设，实现人才资源的共享利用。逐步建立起面向社会开发的外部董事、监事和职业经理人三个人才库。经严格评选审核，111 人进入外部董事候选人人才库，19 人进入外派监事候选人人才库；1954 人申请进入职业经理人人才库。已从人才库中遴选

25 名外部董事、8 名专职监事向省管企业派出。部分省直部门、各市国资监管机构和省管一级企业经过申请同意后，可以访问人才库基础库人才信息，实现人才库资源共建共享。

案例 4　四川省国资委推进外部董事由“兼职”转向“专职”

一是试点先行。四川省属企业专职外部董事队伍建设，按照中央和省委、省政府的总体部署，坚持深化改革，兼顾积极稳妥，先选择有代表性的企业开展试点，积累经验，再逐步推开。

二是“专职”身份。专职外部董事受委派到出资企业专门担任外部董事职务，每名专职外部董事服务 2—3 户企业，不得在其他出资企业和出资企业以外的其他单位任职。

三是“专业”人才。采取现职转岗、公开招聘、交流任职等方式，从省属国有企业负责人、社会专业人才和省级党政机关、事业单位领导干部中，择优遴选一批聘为省属国有企业专职外部董事。

四是履职“专管”。专职外部董事作为出资人代表，由履行出资人职责的机构选派、聘任、发放薪酬，并由专门机构进行管理，与任职企业无聘用关系，不在任职企业领取任何薪酬。其薪酬包括基本、年度和任期三部分，总体水平参照省属国有企业负责人薪酬平均水平，专职外部董事薪酬由省财政统筹列支。

（三）分类明确董事会授权

一是建立上下联动的授权管理流程。采用“四步法”开展针对国企的授权放权工作。第一步，由国资委根据新一轮国资国企改革的要求，在充分调研的基础上，来制定国资国企的授权放权清单，包括针对所有国企的授权放权清单、国有资本投资运营公司授权放权清单及董事会规范化建设企业的授权放权清单等。第二步，由国企根据上述清单范围，结合自身发展阶段及制约瓶颈，依据分类制定自身授权放权工作开展方案，并提交国资委审批。第三步，国资委组织专家及相关机能部门对国企的行权能力及所递交的授权工作方案进行评估，以确定相应的授权放权事项范围。第四步，由国资委与国企进行充分的沟通，以最终明确相应的授权事项内容与组织保障。

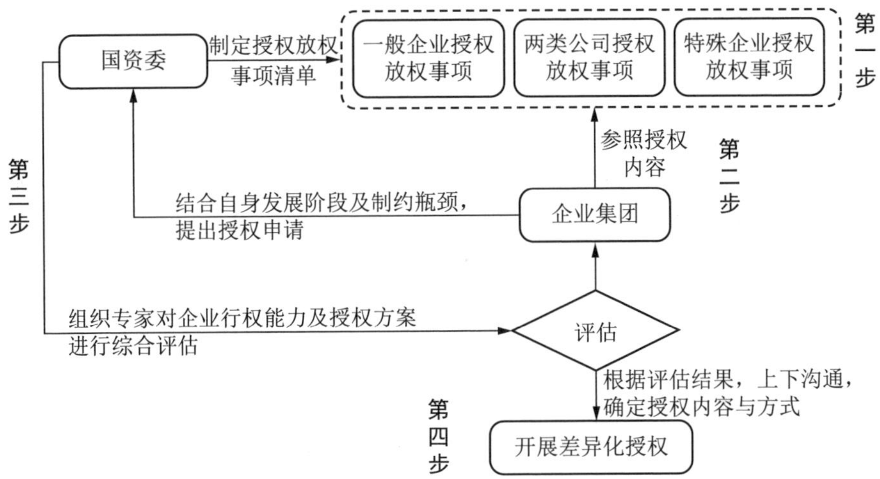

图 5-6 “四步法”建立上下联动的授权管理流程

二是以公司章程为载体实现“一企一策”授权。秉承企业治理思维，以公司章程为载体，根据与国企所沟通确定的授权放权事项，逐项进行整理，召开股东大会，将授权放权的具体事项融入企业公司章程，使公司章程成为国资委与企业履职的重要基础与法律依据。

三是加强对授权企业的事中事后监督。对于授权放权事项，事前以知晓和备案为主，重点聚焦事中、事后的监督管理。通过整合国企内外部监督力量，打造智慧国资在线监管平台，借助互联网技术，将授权放权事项通过层

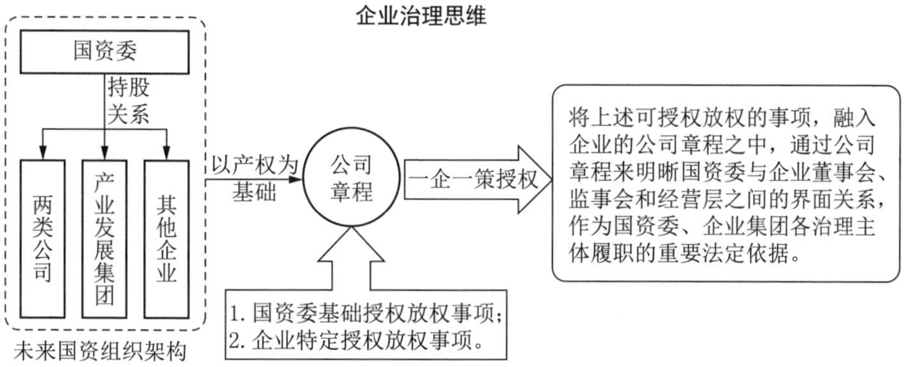

图 5-7　以公司章程为载体实现“一企一策”授权

层分解，实现对企业日常经营的实时掌控，并建立健全国企违规经营投资责任追究制度，以督促企业在法律框架下有序履职。

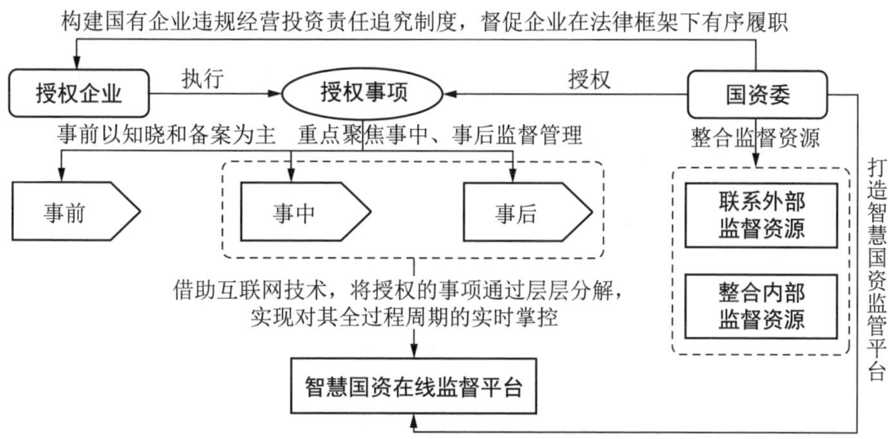

图 5-8　加强对授权企业的事中事后监督

四是构建周期性动态调整授权机制。建立健全授权放权工作的督查制度，要求国企定期总结授权放权工作的执行情况及实施效果，定期上报国资委。由国资委联合监事会对企业的授权放权工作进行周期性全面评估，及时发现、研究解决改革中遇到的各项问题，并结合国企的授权放权工作执行效果，对授权事项进行适当收紧、放松及进一步加大授权力度等。

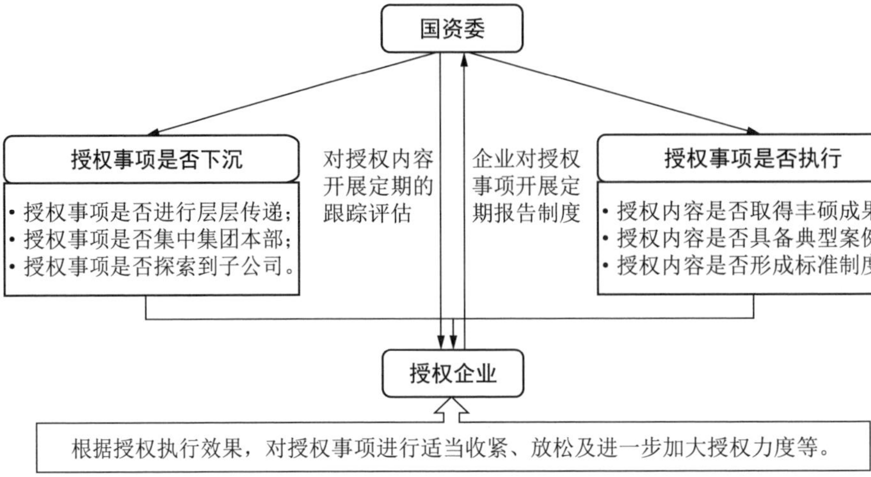

图 5-9　构建周期性动态调整授权机制

案例 5　国务院国资委对中粮集团和国投集团的改革授权试点

1. 中粮集团。中粮集团改组为国有资本投资公司后，国务院国资委授予中粮集团董事会，在战略决策、主业界定、资产处理、市场化用人、薪酬分配等五方面 18 项权力。可归类为：企业负责人管理授权 5 项，企业重大事项管理授权 7 项、权力下放 2 项，企业国有资产管理授权 4 项。

	企业负责人管理	企业重大事项管理	企业国有资产管理	企业国有资产监督
直接授权	**市场化用人** ✓ 经理层成员聘任制 ✓ 由董事会与经理层成员签订聘用合同和经营业绩责任书，实行契约化管理 ✓ 对经理层实行个性化考核 ✓ 对市场化选聘的职业经理人实行市场化薪酬分配机制 ✓ 探索完善中长期激励机制 5项	**资产处置** 5项 ✓ 公司内部企业之间的产权无偿划转 ✓ 在规定合理范围内，增减持上市公司股份 ✓ 不涉及控股权变动的情况下，上市公司股份的协议受让 ✓ 通过产权市场转让国有产权 ✓ 公司重大资产处置实事项 **收入分配** ✓ 自主决定职工工资分配 ✓ 工资总额实行备案制 2项	**战略决策** 3项 ✓ 五年发展规划 ✓ 年度投资计划 ✓ 中长期发展战略和规划 **主业界定** ✓ 在已批准的主业范围之外，确定1—3个新业务领域；根据其发展情况申请将其调整为主业 1项	
权力下放		**资产处置** ✓ 子企业增资 ✓ 子企业重大资产处置事项		

	企业负责人管理	企业重大事项管理	企业国有资产管理	企业国有资产监督
直接授权	✓ 推行职业经理人制度，实施任期制 ✓ 公司董事会对经营班子聘任或解聘职权 ✓ 公司董事会制定经营班子的**薪酬制度**和**考核办法** 3项	✓ 公司章程由公司董事会审议和修订 ✓ 国有企业之间的产权协议转让及无偿划转 ✓ 公司董事会工资总额管理权限 ✓ 在政策范围内，自主制定与经营业绩相挂钩的薪酬管理及中长期激励制度 4 项	✓ 公司董事会决定公司主业范围 1 项	✓ 第一届董事会由监管部门与公司共同提出董事会成员建议名单；以后董事会成员的继任、替补，由公司董事会向监管部门提出建议名单 1 项
权力下放		✓ 子企业股份制改制 ✓ 非上市股份公司国有股份变动管理事项 2 项		

2．国投集团。国投集团在国有资本投资公司改组试点方案中提出了公司章程、主业界定、资产处置、董事会提名、市场用化、薪酬分配等方面的授权申请。可归类为：企业负责人管理授权 5 项，企业重大事项管理授权 3 项、权力下放 2 项，企业国有资产管理授权 1 项、企业国有资产监督 1 项，共 12 项授权申请。

（四）构建董事会评价体系

一是竞争性国有企业国企董事会评价指标体系。针对竞争性国有企业，从董事会制度环境、董事会运作、董事会业绩三个维度全面评价董事会。其中，董事会制度环境主要用于衡量董事会的制度设计是否科学合理，评价结果便于自我调整与优化，而董事会运作及董事会业绩两个维度，是综合衡量董事会日常运行及实际工作效果中的具体表现，评价结果可督促企业进行完善与提升。

表 5-7 竞争性国有企业董事会评价指标体系（建议）

一级指标	二级指标	评价要点	权重
董事会制度环境	董事会结构合理性（10%）	结构合理：董事会办事机构及辅助决策的专门委员会设置符合公司改革发展需要，董事委派结构合规。	5
		职责明确：董事会与经营职责划分清晰。	5

（续表）

一级指标	二级指标	评价要点	权重
董事会制度环境	制度健全（20%）	制度健全：董事会及专门委员会工作制度、议事规则健全，公司各项基本管理制度健全。	10
		依法行权：董事会按照有关法律法规和公司章程规定行使职权。	5
		按章履职：董事会按照规定程序决策、董事会与经营层各司其职、各负其责、协调运转。	5
董事会运作情况	日常运行（10%）	董事会信息沟通顺畅、董事会定期会议召开、董事会会议材料准备、会议议程规范合规、会议记录及时规范。	10
	董事履职（10%）	董事出勤情况。	5
		董事发言质量。	5
	对经营层管理（10%）	经营层选聘程序。	2.5
		董事会决议执行情况。	2.5
		经营层工作报告情况。	2.5
		经营层支持董事会工作情况。	2.5
董事会业绩情况	董事会履职情况（35%）	战略管理：科学制定，定期审查、调整，推进战略执行。	15
		全面预算管理：科学制定年度财务预算和财务决算方案，健全财务预算管理体系。	10
		风险管理：建立健全内部风险控制制度与风险管理流程、制度；建立全面风险管理组织体系；建立风险报告制度。	10
	向国资委披露信息、报告工作情况（5%）	报告董事会建设、重大决策、年度工作状况，提供真实、准确、全面的财务和运营信息。报告董事和其他高级管理人员的实际薪酬等。	5

二是功能性国有企业董事会评价指标体系。针对功能性国企，从董事会运作的规范性和董事会运作的有效性两个维度进行评价。其中，董事会运作的规范性主要用于衡量董事会在日常运行过程中是否遵守相关规章制度，是否合理合法，是否按照程序办事；董事会运作的有效性主要用于衡量董事会

是否对该类企业实际经营管理发挥了很好的战略监管作用，是否能够匹配该类公司的定位。

表 5-8　功能性国有企业董事会评价指标体系（建议）

<table>
<tr><th>一级指标</th><th>二级指标</th><th>评价要点</th><th>权重</th></tr>
<tr><td rowspan="8">董事会运作规范性</td><td rowspan="3">工作机构与制度建设（15%）</td><td>机构合理：董事会办事机构及辅助决策的专门委员会设置符合公司改革发展需要。</td><td>5</td></tr>
<tr><td>职责明确：董事会与经营职责划分清晰。</td><td>5</td></tr>
<tr><td>制度健全：董事会及专门委员会工作制度、议事规则健全，公司各项基本管理制度健全。</td><td>5</td></tr>
<tr><td rowspan="5">日常运行（25%）</td><td>依法行权：董事会按照有关法律法规和公司章程规定行使职权。</td><td>5</td></tr>
<tr><td>按章履职：董事会按照规定程序决策、董事会与经营层各司其职、各负其责、协调运转。</td><td>5</td></tr>
<tr><td>信息沟通：董事会决策前能为董事特别是外部董事提供充分有效的信息。</td><td>5</td></tr>
<tr><td>体现出资人意志：董事会形成的战略规划、投融资决议、经营业绩指标等符合国家产业政策、充分体现出资人的意志。</td><td>5</td></tr>
<tr><td>支持公司党委发挥政治核心作用。</td><td>5</td></tr>
<tr><td rowspan="5">董事会运作有效性</td><td rowspan="3">决策效果（45%）</td><td>推动公司发展：董事会决议符合公司改革发展的要求，能够推动战略任务，企业价值创造能力、主营业务增长和公司核心竞争力得到有效提升。</td><td>15</td></tr>
<tr><td>全面风险管理：董事会对决议事项进行正确审核与评估，有效避免重大决策失误，强化风险管理。</td><td>15</td></tr>
<tr><td>国有资产保值增值：公司国有资产保值增值情况符合公司战略发展要求，完成相关考核指标。</td><td>15</td></tr>
<tr><td rowspan="2">经营层考核与管理（15%）</td><td>经营层勤勉履职：根据公司改革发展需要，能对经营层科学考核评价和激励，实现经营层成员忠实勤勉履职。</td><td>5</td></tr>
<tr><td>决策有效落实：董事会依据有关规定对经营层实施有效管理，保证公司战略规划及董事会各项决议得到有效落实。</td><td>10</td></tr>
</table>

三、有效监督：强化监事会监督效能的路径与措施

（一）打造外派专职监事队伍

由国资委建立外派专职监事人才库，对入库人选进行科学建档，分类管理，培养一批专业化、职业化的专职监事。拓宽外派专职监事来源渠道，外派专职监事人才库的人员总量应保持在实际需求人数的3倍左右。国资委对入库人员的任职资格实行动态管理，入库人员的任职资格有效期原则上为三年，期满后需组织重新评审，以确定是否保留入库资格。完善外派专职监事管理配套制度，严格执行履职记录和工作报告制度。

表5-9　外派专职监事来源、日常管理和委派方式（建议）

项　目	具　体　内　容
外派专职监事来源	– 在系统企业中遴选一批懂法律、善财务、精于风险控制的临近退休或准备退休的企业中层干部，通过专业培训，纳入国资委外派专职监事人才库。 – 通过市场化方式，公开选聘具备财务、审计、法务等专业人才作为专职监事。
外派专职监事管理	– 开展外派专职监事的定期培训（上岗培训＋业务培训）。 – 开展外派专职监事的定期述职。 – 开展外派专职监事的考核评价。
外派专职监事委派	为降低综合运行成本，根据企业特点，1名外派专职监事可在2—3家企业中同时任职。

案例6　深圳市属国企全面推行纪委书记兼监事会主席模式

深圳市属国企全面推行纪委书记兼任监事会主席，进入党委会，实现对企业决策的全程监督，促进监督与问责融为一体，真正发挥监事会的监督功效与纪委书记的问责功效。

人员来源：上级选派；

选拔程序：由市纪委会同组织部门提名、考察，任免由市国资委党委按照相关程序办理；

报告主体：纪委书记对上级党委和纪委负责，定期向其汇报监督情况；

管理方式：提名考察和薪酬福利等事项由国资委统一管理，与企业实现完全脱钩；

考核方式：通过建立健全分工协作、履职记录考核评价等工作机制对纪委书记进行定期考核；

交叉任职：以纪委书记身份进入党委会。

（二）构建全面履职评价体系

外派专职监事履职评价综合专项检查、专项督查、参加（列席）会议、工作交流、日常沟通等情况进行评价，一般采用外派专职监事个人述职、国资委日常管理部门听取任职企业监事会主席意见基础上的日常履职情况评价等方式进行，具体内容及要点如下表所示。

表 5-10　外派专职监事履职评价内容及要点（建议）

评价内容	评　价　要　点
参加（列席）各类会议的情况	参加企业监事会会议的情况。
	列席企业董事会及专门委员会会议的情况。
	列席企业总经理办公会、年度财务决算审计会议和内部监督部门联席会议等的情况。
	参加省有关部门和省国资委召开的与履职相关的其他会议。
参与对企业的日常监督、检查和调研等情况	监督企业推进综合改革计划的年度目标完成情况。
	监督企业制定和实施战略规划的进展情况。

（续表）

评价内容	评　价　要　点
参与对企业的日常监督、检查和调研等情况	监督企业法定代表人任期目标完成情况。
	对外部董事、经理人员履职情况进行跟踪了解。
	参加监事会自行开展的专项检查和调研工作情况。
	完成国资委交办的其他专项任务情况。
参与开展对企业专项督查的情况	对巡视和审计报告发现问题的企业整改方案落实情况进行督查。
	对企业内部控制体系建设与执行情况进行督查。
	对企业年度财务决算批复建议书整改方案落实情况进行督查。
组织起草工作报告的情况	监事会年度监督评价报告。
	监事会年度工作总结和工作计划。
	监事会专项检查报告。
	监事会专项督查报告。
	专职监事工作专报。

（三）形成企业内部监督合力

加强与企业财务、审计、风险控制、纪检、监察和工会等部门的沟通与协作，通过联席会议制度，打造大监督协调运转机制。在企业项目投资、财务预算、薪酬考核、产权交易等重大事项监管及企业年审、内审等方面，加强与国资委有关部门的协同配合，形成监督工作合力。

案例7　上海市国资委规范外部董事、外派监事履职

为有效提升外部董事、外派监事工作效率，强化其工作规范性，上海市国资委公司治理处于2015年3月发布《外部董事工作指引》与《外派监事工作指引》，并根据实际工作不断调整更新。

上海市外部董事工作指引目录

序　号	文　件　内　容
1	外部董事履职要求和保障
2	公司章程修改议案审议
3	战略管理类议案审议
4	投资管理类议案审议
5	融资担保类议案审议
6	财务预算类议案审议
7	财务决算类议案审议
8	产权管理类议案审议
9	风险管理类议案审议

上海市外派监事工作指引目录

序号	文　件　内　容
1	外派监事履行监督职责的重点
2	外派监事获取信息资料和参加会议
3	外派监事发表监督意见和向市国资委报告
4	对企业财务管理工作进行检查和查阅财务报表的重点
5	对企业治理体系制度建设与董事会、经理层规范有效运行情况的专项检查
6	对企业投资管理制度及执行情况的专项检查
7	对企业重要担保事项风险控制情况的专项检查
8	对企业资产评估管理制度及执行情况的专项检查
9	对企业内部审计管理制度及执行情况的专项检查
10	对企业内控制度建设和执行情况的专项检查
11	对企业经济责任审计整改措施落实情况的专项督查
12	对企业境外投资项目运行状况和境外国有资产权益监督的专项调研
13	监事会对董事会运行情况的年度监督评价报告的基本要求

四、市场机制：激发经理层经营活力的路径与措施

（一）厘清清单化权责界面

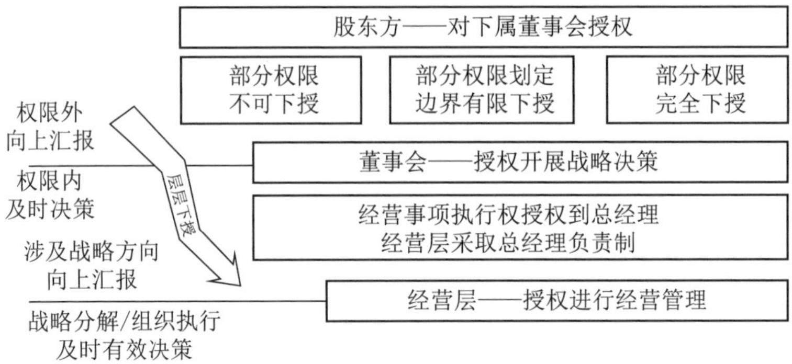

图 5-10　决策界面示意图

作为契约化实施的基本保障，在完善“三会一层”公司治理结构的基础上，建立规范的经理层授权管理制度，明确董事会授予经营层的授权清单，激发经理层经营活力，是国有企业重大经营管理决策落到实处的关键举措。

建议总经理应当拥有对其他经理层成员的人事推荐权和发言权，以及在考核中重要的评价权。经理层内部需要做好副职的分工，并明确副职的权限，压实经理层中每一个岗位的责任，调动每一个人的主观能动性。

表 5-11　董事会与经理层的权责边界（示例）

分类	职权事项	主要内容	经理层权限	董事会权限
人	人事任免	集团总部经理层选聘		审批 / 决策—党委会前置讨论后，董事会审批
		集团中层干部选聘	建议	审批 / 决策
		二级公司董事长选聘		集团党委会提出意见，由二级公司董事会决策
	薪酬与考核	集团经理层薪酬与考核		审批 / 决策
		集团中层干部薪酬与考核	建议	审批 / 决策
		二级公司董事长薪酬与考核	建议	集团党委会提出意见，由二级公司董事会决策

（续表）

<table>
<tr><th>分类</th><th>职权事项</th><th>主要内容</th><th>经理层权限</th><th>董事会权限</th></tr>
<tr><td rowspan="6">事</td><td rowspan="2">战略管理</td><td>集团长期战略发展规划</td><td>审议</td><td>审批 / 决策</td></tr>
<tr><td>集团年度战略发展规划</td><td>审议</td><td>审批 / 决策</td></tr>
<tr><td rowspan="2">章程制度</td><td>集团公司章程制定和调整</td><td></td><td>审批 / 决策（属股东大会职责范围，由国资委审批）</td></tr>
<tr><td>集团公司基本制度的制定和调整</td><td>审议</td><td>审批 / 决策</td></tr>
<tr><td>……</td><td>……</td><td></td><td></td></tr>
<tr><td colspan="4"></td></tr>
<tr><td rowspan="9">财</td><td rowspan="2">预决算管理</td><td>集团年度预决算管理</td><td>审议</td><td>审批 / 决策</td></tr>
<tr><td>集团利润分配管理</td><td>审议</td><td>审批 / 决策</td></tr>
<tr><td rowspan="7">投融资及担保管理</td><td>年度投资计划管理</td><td></td><td>审批 / 决策</td></tr>
<tr><td>投资事项决策</td><td>可审批决策小于一定限额的事项</td><td>审批决策大于该限额的事项</td></tr>
<tr><td>融资计划管理</td><td></td><td>审批 / 决策</td></tr>
<tr><td>融资决策</td><td>可审批决策小于一定限额的事项</td><td>审批决策大于该限额的事项</td></tr>
<tr><td>担保管理—对内</td><td>可审批决策小于一定限额的事项</td><td>审批决策大于该限额的事项</td></tr>
<tr><td>基建招投标管理</td><td>审批 / 决策</td><td></td></tr>
</table>

案例 8　国投集团和中粮集团对二级平台实行分类授权管理

1. 国投集团。从外部条件、公司治理水平、人才队伍建设、企业竞争力四个维度对二级平台进行系统评价。根据得分水平，国投将二级子公司划分为充分授权、部分授权、优化管理三类，在明确各个类别的具体管控力度的同时，允许在实际操作中基于该分类原则对具体细项和限额额度等进行调整。

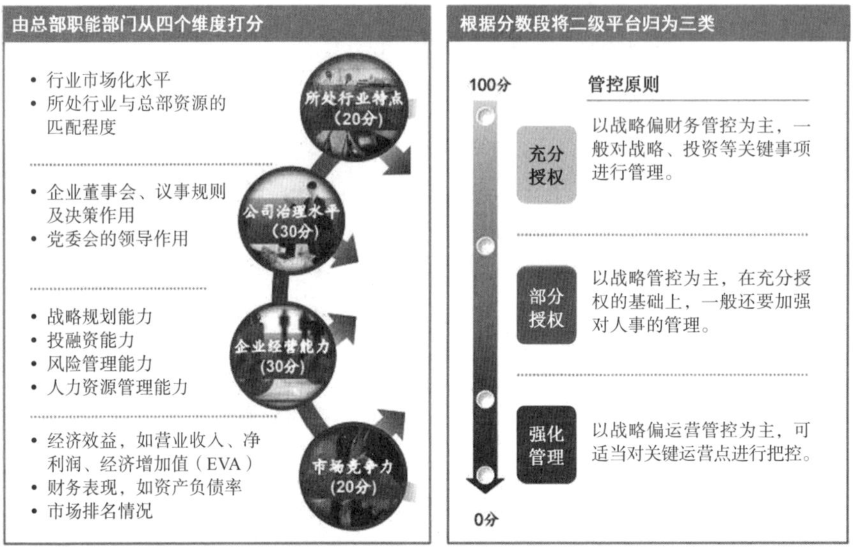

2. **中粮集团**。中粮集团在对二级企业进行统一放权的同时，建立了有效的管理和监督体系，确保集团总部对于二级企业做到“看得见、管得住、审得清”。

案例9　上海和深圳国企经营层选人用人管理方式

1. 上海。竞争类企业的党委书记、董事长，总经理和监事会主席由市委管理；党委副书记、纪委书记由市国资委党委管理；经理班子副职成员逐步由董事会聘任和解聘。功能类和公共服务类企业的领导班子成员以组织配置为主，按干部管理权限进行管理。重要骨干企业副职领导人员任免前报市委备案。

根据市管企业的资产规模、管理幅度、行业特征等实际情况，合理确定董事会和经理班子职数，并在公司章程中予以明确。竞争类企业董事会职数为7—9人；经理班子职数为5—8人。功能类和公共服务类企业经理班子职数为4—7人。市管企业党委职数为5—9人，设党委书记1人、党委副书记2人（含党员总经理）、纪委书记1人。

2. 深圳。对于直属重点企业党委书记、董事长、总经理，由市委直接管理；对于部分直属非重点企业的党委书记、董事长、总经理（听取董事长、党委书记意见），由市国资委管理；对于企业领导人员副职，由董事会来确定，但充分听取国资委意见与建议。

（二）明确市场化身份定位

一是分层分类逐步推进。结合国有企业各自历史背景和现实基础，建议分层、分类、分步骤渐进推进。从分层上看，可从集团本部和子公司两大层面，按照“先试点、后推广”的操作思路，由下而上，分层推进；从分类上看，先在直接面向客户的前台部门和紧缺岗位，再依次向中后台部门逐步推广。此外，建议岗位选取遵循“不可比”原则，要么整个经营班子集体试点，要么选取专业性强、任务明确的岗位。

案例 10 体制内领导 VS 市场化管理

1. 选择题（比如四川金鼎控股）。在市场化选聘的职业经理人的大环境下，让原有体制内高管做选择题，选择市场化薪酬必须放弃体制内身份，但留有接口。

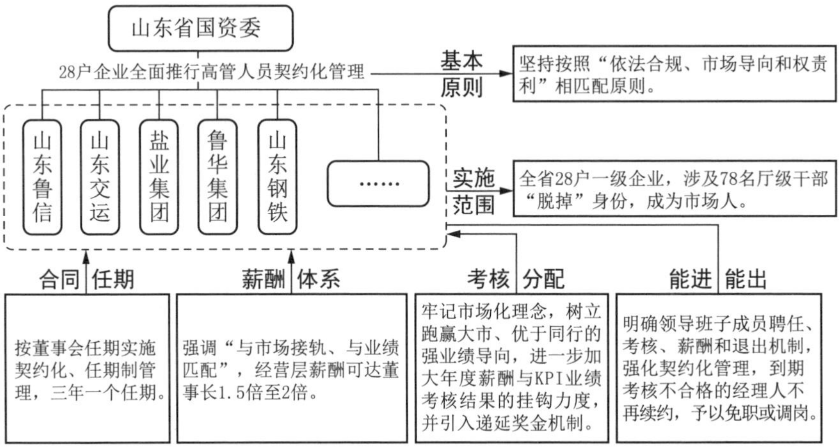

2. 半步走（比如山东国资委）。国资委牵头制定相关规划，介于行政任命和纯职业经理人之间的一种状态。

3. 缓冲带（比如成都金控）。体制内外同岗同薪，年度考核发放体制内薪酬部分，差额部分聘期考核结束后视情况发放。

案例：成都金控体制内高管年度考核发放体制内标准薪酬部分，同时薪酬市场化差额部分，设置战略阶段（聘期）超额利润激励。

获授前提：战略规划阶段目标考核系数 C ≥ 1

战略阶段超额利润激励奖金获授总额 = 超额利润 X + 提取比例 Y

注：若市场情况与预估情况发生重大偏离，可由股东方（董事会）与公司经营班子双方协商调整目标值。

高管个人阶段目标超额激励奖金获授额 = 获授总额 × 高管个人本阶段实际任职月数 / ∑各高管个人本阶段实际任职月数 + ∑高管个人年度奖金转长期激励

- 1. 考核系数 C 由战略规划阶段目标综合考核结果而定。
- 2. 年度奖金转长期激励由此前各年度超出体制内标准基本薪酬的绩效薪酬部分结转（应发额按个人年度绩效系数兑现）。

二是整合内外选聘渠道。结合企业的特点，决定选聘职业经理人的内外急缓和孰轻孰重。充分发掘现有人才资源，同等条件（不能降低标准）下，内部优先。通过内部竞聘或遴选，让内部人“转换身份”，加入职业经理人队伍。对于内部缺乏而又急需的管理和技术人才，通过市场化外聘合适的职业经理人。

表 5-12　不同类型来源员工的适用范围

分类	社会选聘	系统内选聘	内部身份转换	混合所有制改革
人员来源	不限	国资背景企业	企业现任经营管理者	民营企业经理
程序 / 方式	公告发布、资格审核、测试、考察、公示、聘任	公告发布、资格审核、测试、考察、公示、聘任	提出申请、资格审核、自然免除、签订契约转变身份	资格审核、测试、考察、公示、聘任
适用范围	竞争性强、市场人才丰富的行业	行业壁垒性强、公益类国有企业	内部管理者比较成熟的企业	充分市场竞争的行业、已经实现混合所有制改革的企业
典型案例	长虹集团、外高桥股份、东风汽车、浙江国资公司	宝钢集团、新兴际华、贵州产业投资集团	中集集团、中国建材集团、国投电力、鲁信集团	中国建材集团、市北高新数据港公司
使用频率	中	高	高	低

三是多维任职资格评估。区分共性和特性能力，共性能力即国有企业核心价值观所要求的员工所共同具备的能力，包括个性、能力素质等。特性能力即围绕企业战略商业驱动力所要求的各项工作必须具备的能力，包括知识、经验、能力、个性等。

表 5-13 岗位资质评估表

分　类	评价指标	优	良	差	得分
业务能力	职业管理能力				
	职业经营能力				
	职业知识与技能				
	职业经历与经验				
	职业岗位适配度				
职业素养	政治素质				
	职业道德				
	职业作风				
	职业心理				
	职业信誉				
合　计					

（三）实施契约化管理体系

一是构建多层次约束机制。建议形成“1+2+3+1”一套系统的制度文件和操作细则。具体来看，第一是编制任期制契约化管理办法，作为任期制、契约化管理的纲领性办法，规范任期制契约化改革以及未来对经理层成员管理的整体过程；第二是做好两条落地制度的准备，通过《薪酬管理办法》《考核管理办法》，明确整个任期制契约化从签订契约一直到未来三年的运行过程；第三是三个操作文件，包括《聘任协议书》《业绩责任书》和《岗位说明书》，由董事会和经理层签订，体现落实董事会职权，体现市场化干部管理；最后是提供一项制度创新，就是“三个区分开来”容错纠错实施办法，通过对经理层成员的容错免责来鼓励经理层成员创业。

1个管理办法

- 经理层成员任期制契约化管理办法

2套落地制度

- *改革试点企业*
- 任期制契约化经理层成员**薪酬管理办法**
- 任期制契约化经理层成员**考核管理办法**

3份操作文件

- *任期制契约化经理人*
- 聘任协议书
- 年度/任期业绩责任书
- 岗位说明书

1项制度创新

- “三个区分开来”容错纠错机制实施办法

图 5-11　任期制、契约化管理“1+2+3+1”制度文件和操作细则

案例 11　上海电气环保集团任期制、契约化管理实践

1. 精干组织，优化职能，重新就位。上海电气环保集团是上海电气集团的全资企业，也是全国“双百行动”国企改革试点的上海市七家企业之一。2018 年，改变传统的组织架构，在五个业务端口成立固废、水处理、新能源、海外和工业五个事业部，模拟公司化运行，权力大幅下放，分列考核、分灶吃饭，考核激励并重。五个事业部的总经理全部经过企业内外选聘上岗，一位外部引进，四位是上海电气集团内年轻人才，得到重用。

2. 充分授权，建立清单，放管结合。环保集团设计了授权清单，授予各事业部总经理选人用人权、定薪权和项目开发权，对各事业部的权限大幅度放宽。

3. 战略指标，考核导向，鼓励摸高。强调契约化管理考核指标设计要体现“刚性”，与主要经营者签订一年合同，明确了营业收入、净

利润、新接订单3个核心指标，以及其他经营质量的要求作为考核中心内容。

4. 尊重契约，严格标准，刚性兑现。根据2018年试行契约化管理的考核结果，将五个事业部中没有达到最低目标的一个事业部总经理免职，按照考核要求解除劳动合同，重新公开竞聘主要经营者，其他经营团队成员也将重新聘任。若下一任总经理并无聘任原经营团队打算，那么原来经理层均降至普通员工。同时在考核重压下，激励大幅度增加，事业部负责人总收入至少是原来收入的2—3倍。而且每个事业部之间的差距也不断拉大。

二是制定对标化薪酬激励。建议按照“基本薪酬＋绩效薪酬＋任期激励”的三元薪酬结构，保证经理层薪酬的总水平适当；同时灵活运用好政策包、工具箱（如超额利润分享、经济增加值分享、员工持股、上市公司股权激励、科技型企业股权和分红激励等工具），不断完善经理层的激励机制。此外，薪酬水平按照“四同”原则对标合理确定，即与同行业、同性质、同规模、同地域的企业进行对标。

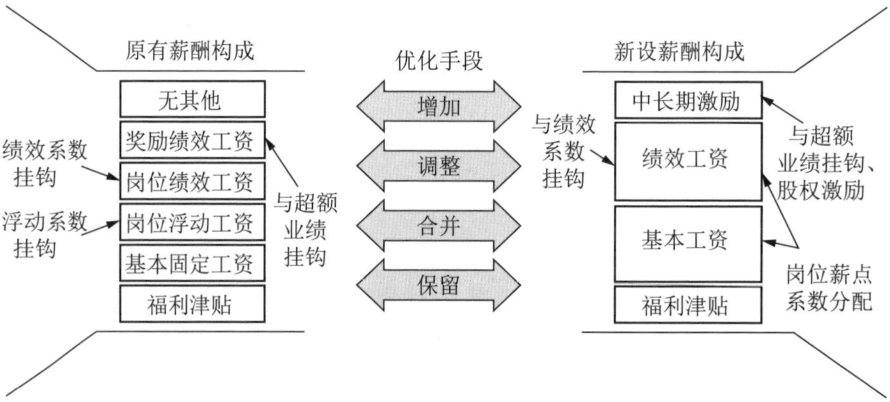

图 5-12　薪酬结构优化示意图

案例 12　浙江物产中大集团职业经理人薪酬激励机制体系

浙江物产中大集团 2017 年试点职业经理人改革，采用了灵活多样的薪酬标准和激励方式，真正做到分产业、分企业发展阶段进行研究，制定多元化的薪酬激励制度：

1. 以“一体两翼”格局为基础，针对金融与高端实业分别制定薪酬激励制度；

2. 以百万高薪为起点，要求经理人具有较强的经营管理能力、决策判断能力；

3. 采用“三书一办法”明确激励与退出机制、完善薪酬评价体系。

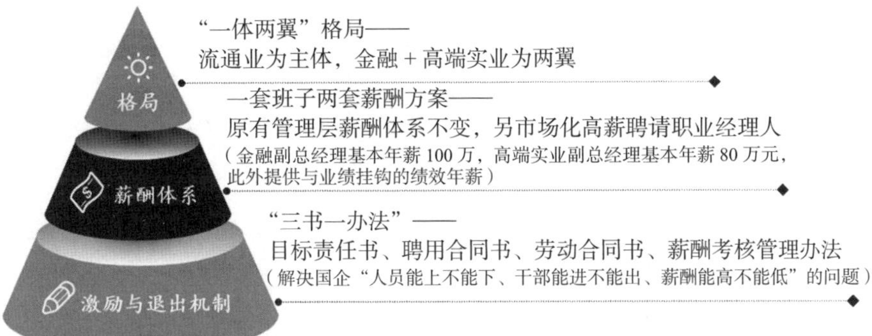

（四）探索制度化退出通道

建立健全市场化退出机制，严格执行聘期管理制度，主要依据聘任协议、业绩合同履行结果和德才表现，决定其去留。

表 5-14　市场化选聘人员退出方式安排（建议）

<table>
<tr><th rowspan="2">退出方式</th><th rowspan="2">退 出 因 素</th><th colspan="2">退出安排</th></tr>
<tr><th>社会招聘</th><th>内部竞聘</th></tr>
<tr><td rowspan="3">主动</td><td>主动申请离职</td><td>解聘</td><td>解聘或降级</td></tr>
<tr><td>任期到期不续聘</td><td>解聘</td><td>解聘或降级</td></tr>
<tr><td>主动提出转岗</td><td>解聘</td><td>解聘或降级</td></tr>
<tr><td rowspan="9">被动</td><td>任期届满未被续聘的</td><td colspan="2">解聘</td></tr>
<tr><td>拒不服从企业统一调配的</td><td colspan="2">解聘</td></tr>
<tr><td>考核结果未达到企业要求的</td><td rowspan="2">解聘</td><td rowspan="2">解聘或降级</td></tr>
<tr><td>（个人绩效考核评价为 C 级或连续两年为 B 级，且无董事会认可的正当理由）</td></tr>
<tr><td>因严重违纪违法被追究责任的</td><td colspan="2">解聘，移送司法机构</td></tr>
<tr><td>因健康原因半年以上不能坚持正常工作的</td><td>解聘</td><td>转岗</td></tr>
<tr><td>公司重大资产重组、重大业务调整或其他重大因素导致所聘岗位不存在</td><td>解聘</td><td>转岗</td></tr>
<tr><td>因工作需要或其他原因，应当解除聘用的</td><td>解聘</td><td>转岗</td></tr>
<tr><td>其他不可抗力因素</td><td>解聘</td><td>转岗</td></tr>
<tr><td rowspan="3">不得退出</td><td>重要项目或者重要任务尚未完成，且必须由本人继续完成的</td><td></td><td></td></tr>
<tr><td>任期内发生相关责任问题尚未处理完毕的</td><td></td><td></td></tr>
<tr><td>其他原因不能立即解聘的</td><td></td><td></td></tr>
</table>

第六章

有效发挥两类公司作用

开展国有资本投资、运营公司（以下简称“两类公司”）改革试点，是改革国有资本授权经营体制的核心。《国务院关于推进国有资本投资、运营公司改革试点的实施意见》出台以来，中央企业两类公司改革试点已经扩容至21家，地方国有资本投资、运营公司也已经超过100家，在“试体制、试机制、试模式”等方面进行了多方面的探索与实践，已经取得了良好的效果。但是，两类公司改革过程中也存在着功能作用发挥待提升、授权放权体制待深入、市场化经营机制待完善等问题。

第一节　两类公司改革政策与内涵

国有资本投资、运营公司是我国国有资产投资体制和授权经营体制改革的产物。本部分在回顾不同时期国有资本投资、运营公司发展沿革基础上，结合当前“管资本”为主的政策导向，对其前世今生、功能作用、组建运行情况等进行分析。

一、两类公司改革简要历程

国有资本投资、运营公司的探索实践迄今已近30年时间，早在20世纪80年代，国家层面决定成立能源、交通、原材料、机电轻纺、农业、林业六大国家专业投资公司。90年代，国家开发投资公司正式成立，这也是真正意义上的国有资产投资公司。2004年，国务院国资委决定把国家开发投资公司、中国节能投资公司、中国高新投资公司、中国水利投资公司单独列为从事投资的行业企业。

2013年11月，党的十八届三中全会召开并通过了《中共中央关于全面深化改革若干重大问题的决定》，首次明确提出并区分了“投资公司”和“运营公司”。

2015年至今，新一轮国资改革的“1+N”系列文件陆续发布，对改组和组建“两类公司”的功能定位、界面关系、考核运作与资本运营模式等方面提出具体要求。

二、两类公司改革试点政策梳理

（一）国家层面

从政策环境看，随着新一轮国企改革“1+N”系列文件陆续出台，“两类公司”经历了从“顶层设计—初步探索—深化改革”的发展阶段，对其功能定位、界面关系、资本运作模式、考核运作等方面都提出了具体的要求，为国有资本投资、运营公司改革试点奠定了良好的政策基础。

一是顶层设计阶段（2013—2015年）。2013年11月，党的十八届三中全会首次提出“投资公司”和“运营公司”，在审议通过的《中共中央关于全面深化改革若干重大问题的决定》中明确要求“完善国有资产管理体制，以管资本为主加强国有资产监管，改革国有资本授权经营体制，组建若干国有资本运营公司，支持有条件的国有企业改组为国有资本投资公司”。2015年9月，《中共中央、国务院关于深化国有企业改革的指导意见》中，对改组和组建国有资本投资、运营公司提出原则性要求，初步确定“两类公司”的使命。2015年10月，《国务院关于改革和完善国有资产管理体制的若干意见》发布，明确国有资本投资、运营公司的组建方式，“一企一策”向“两类公司”授权，以及“两类公司”对出资企业行使的股东权利。在此期间，2014 年中粮和国投两家央企率先进行了国有资本投资公司的试点工作，上海、深圳、广州等地也陆续开展了国有资本投资、运营公司的试点工作。

二是初步探索阶段（2016—2018 年）。2016 年 7 月，《国务院办公厅关于推动中央企业结构调整与重组的指导意见》要求国有资本投资、运营公司应探索有效运营模式，并“做好增量、盘活存量、主动减量”。2017 年 4 月，国务院办公厅发布《以管资本为主推进职能转变方案》，进一步强化“管资本”职能，突出国有资本运营，支持“两类公司”采取市场化方式推动设立基金，鼓励国有企业追求长远收益开展资本运作。2018 年 7 月，国务院发布《关于推进国有资本投资、运营公司改革试点的实施意见》，第一次系统性地构建了国有资本投资、运营公司总体框架，是对国有资本授权经营体制改革的系统化实施方案，是在前序纲领性文件的基础上，具体实施操作的规范和指南，更具体、更详实、更具有操作性。在此期间，央企又陆续开展了两批两类公司的试点工作，2 家国有资本运营公司和 17 家国有资本投资公司被纳入试点范围。

三是深化改革阶段（2019 年至今）。2019 年 4 月，国务院发布了《改革国有资本授权经营体制方案》，重点在战略规划和主业管理、选人用人和股权激励、工资总额和重大财务事项管理向“两类公司”实施放权授权，明确“一企一策、动态调整”。《国务院国资委关于印发〈国务院国资委授权放权清单（2019 年版）〉的通知》，其中对于各类综合改革试点企业授权放权事项 4 项，对于国有资本投资、运营公司试点企业授权放权事项 6 项，进一步确保授权放权精准到位，落实由管企业向管资本转变的职能要求。2019 年 10 月，十四届四中全会要求“形成以管资本为主的国有资产监管体制，有效发挥国有资本投资、运营公司功能作用”。2019 年 11 月，《国务院国资委关于以管资本为主加快国有资产监管职能转变的实施意见》，对“两类公司”的功能作用、目的、资本运作方式等提出要求。

表 6-1　国家层面关于两类公司改革的政策文件及重要会议精神

类型	事　件	时间	内　　容
政策文件	《中共中央关于全面深化改革若干重大问题的决定》	2013 年 11 月	完善国有资产管理体制，以管资本为主加强国有资产监管，改革国有资本授权经营体制，组建若干国有资本运营公司，支持有条件的国有企业改组为国有资本投资公司。国有资本投资运营要服务于国家战略目标，更多投向关系国家安全、国民经济命脉的重要行业和关键领域。
	《中共中央、国务院关于深化国有企业改革的指导意见》	2015 年 9 月	改组和组建国有资本投资、运营公司，探索有效的运营模式，通过开展投资融资、产业培育、资本整合，推动产业集聚和转型升级，优化国有资本布局结构；通过股权运作、价值管理、有序进退，促进国有资本合理流动，实现保值增值。
	《国务院关于国有企业发展混合所有制经济的意见》	2015 年 9 月	以市场选择为前提，以资本为纽带，充分发挥国有资本投资、运营公司的资本运作平台作用，对发展潜力大、成长性强的非国有企业进行股权投资。
	《国务院关于改革和完善国有资产管理体制的若干意见》	2015 年 10 月	改组和组建国有资本投资、运营公司。主要通过划拨现有商业类国有企业的国有股权，以及国有资本经营预算注资组建。 明确国有资产监管机构与国有资本投资、运营公司关系。国有资产监管机构按照“一企一策”原则，明确对国有资本投资、运营公司授权的内容、范围和方式，依法落实国有资本投资、运营公司董事会职权。对授权范围内的国有资本履行出资人职责，依法自主开展国有资本运作，按照责权对应原则切实承担起国有资产保值增值责任。 界定国有资本投资、运营公司与所出资企业关系。以出资额为限承担有限责任，以财务性持股为主，建立财务管控模式，重点关注国有资本流动和增值状况。 开展政府直接授权国有资本投资、运营公司履行出资人职责的试点工作。中央层面开展由国务院直接授权国有资本投资、运营公司试点等工作。地方政府可以根据实际情况，选择开展直接授权国有资本投资、运营公司试点工作。

（续表）

类型	事　件	时间	内　　容
政策文件	《关于国有企业功能界定与分类的指导意见》	2015 年 12 月	适应国有资本授权经营体制改革需要，加强对国有资本投资、运营公司的领导。
	《国务院办公厅关于推动中央企业结构调整与重组的指导意见》	2016 年 7 月	搭建调整重组平台。改组组建国有资本投资、运营公司，探索有效的运营模式，通过开展投资融资、产业培育、资本整合，推动产业集聚和转型升级，优化中央企业国有资本布局结构；通过股权运作、价值管理、有序进退，促进国有资本合理流动。将中央企业中的低效无效资产及户数较多、规模较小、产业集中度低、产能严重过剩行业中的中央企业，适度集中至国有资本投资、运营公司，做好增量、盘活存量、主动减量。 国有资本投资、运营公司法人治理结构要“一企一策”地在公司章程中予以细化。
	《以管资本为主推进职能转变方案》	2017 年 4 月	牵头改组组建国有资本投资、运营公司，实施资本运作，采取市场化方式推动设立国有企业结构调整基金、国有资本风险投资基金、中央企业创新发展投资引导基金等相关投资基金。
	《关于推进国有资本投资、运营公司改革试点的实施意见》	2018 年 7 月	明确了改组和新设两种方式，通过无偿划转或市场化重组整合国有资本，剥离社会职能，解决历史遗留问题。国有资本投资、运营公司不设股东会，由国资监管机构或政府行使股东会职权，或授权董事会行使股东会部分职权。其他配套政策包括混改、员工持股、职业经理人和薪酬分配差异化等其他改革。
	《中央企业负责人经营业绩考核办法》	2019 年 3 月	对国有资本投资、运营公司，加强落实国有资本布局和结构优化目标、提升国有资本运营效率及国有资本保值增值等情况的考核。
	《改革国有资本授权经营体制方案》	2019 年 4 月	授权放权内容主要包括战略规划和主业管理、选人用人和股权激励、工资总额和重大财务事项管理等，亦可根据企业实际情况增加其他方面授权放权内容。

（续表）

类型	事　件	时间	内　　　容
政策文件	《国务院国资委关于以管资本为主加快国有资产监管职能转变的实施意见》	2019 年 11 月	转变监管理念，从对企业的直接管理转向更加强调基于出资关系的监管。调整监管重点，从关注企业个体发展转向更加注重国有资本整体功能。改进监管方式，从习惯于行政化管理转向更多运用市场化法治化手段。优化监管导向，从关注规模速度转向更加注重提升质量效益。
重要会议精神	党的十八届三中全会	2013 年 11 月	首次提出“组建若干国有资本投资运营公司”。
	党的十九大	2017 年 10 月	要完善各类国有资产管理体制，改革国有资本授权经营体制，加快国有经济布局优化、结构调整、战略重组，促进国有资产保值增值，推动国有资本做强做优做大，有效防止国有资产流失。
	全国国企改革座谈会	2018 年 10 月	突出抓好改革授权经营体制。要选准试点，在组织架构、运营模式、经营机制方面加大改革力度，推动国有资本投资、运营公司试点取得实效。
	中央经济工作会议	2018 年 12 月	要加快国资国企改革，坚持政企分开、政资分开和公平竞争原则，做强做优做大国有资本，加快实现从管企业向管资本转变，改组成立一批国有资本投资公司，组建一批国有资本运营公司。
	十三届全国人大	2019 年 3 月	加强和完善国有资产监管，推进国有资本投资、运营公司改革试点，促进国有资产保值增值。
	党的十九届四中全会	2019 年 10 月	深化国有企业改革，完善中国特色现代企业制度。形成以管资本为主的国有资产监管体制，有效发挥国有资本投资、运营公司功能作用。
	中央经济会议	2019 年 12 月	加快国资国企改革，推动国有资本布局优化调整。

（二）地方层面

重点梳理地方两类公司改革试点实施意见等相关政策，总结各地政策要点和主要特点。

表 6-2　地方层面关于两类公司改革试点实施意见发布情况汇总

序号	试点实施意见	颁发时间	政策要点和主要特点
1	福建省《关于推进国有资本投资、运营公司改革试点实施方案》	2019 年 6 月 22 日	一是提出详实的目标任务，将国有资本集中到三大主导产业、战略性新兴产业、现代服务业和基础设施产业。二是在授权内容和试点企业两方面加入动态调整，如果试点效果好，则加大授权，如果试点效果差，则收回授权。
2	甘肃省《关于国有资本投资、运营公司改革试点的实施方案》	2019 年 9 月 27 日	一是在授权方式上，突出一企一策授权。二是在授权范围上，最大限度简政放权。三是在规范行权上，突出规范董事会建设。四是在资本运营上，支持推进产融结合。
3	厦门市《关于推进国有资本投资和运营公司改革试点的实施方案》	2019 年 10 月 18 日	一是要积极推进内、外部资源重组整合，探索以管资本为主的有效运营模式。二是积极推进所出资企业引进战略投资者实施混合所有制改革。三是深化内部“三项制度”市场化改革，加大职业经理人制度推行力度。
4	安徽省《关于推进国有资本投资、运营公司改革试点的实施意见》	2019 年 1 月 8 日	一是增加“通过公司章程等明确企业党组织在公司法人治理结构中的法定地位”，充分发挥党组织的核心作用。二是明确董事委派机构。省级国有资本投资、运营公司的执行董事，由政府或国有资产监管机构委派。三是分类管理领导班子及其成员。省属企业改组组建的国有资本投资、运营公司，领导班子及其成员由省委管理。
5	广东省《推进国有资本投资、运营公司改革试点实施方案》	2019 年 3 月 25 日	一是设定了组建“两类公司”原则上企业应具备的六个条件。二是明确董事会成员、公司领导班子及成员按干部管理权限确定。三是增加强化产融结合的内容，支持国有资本投资、运营公司设立财务公司和合理申请金融牌照。
6	广西省《推进国有资本投资、运营公司改革试点的实施方案》	2018 年 12 月 8 日	国有资本投资、运营公司以出资人身份，对所持股企业的利润分配进行审议表决，及时收取分红，并依规上交国有资本收益和使用管理留存收益。

（续表）

序号	试点实施意见	颁发时间	政策要点和主要特点
7	河北省《国有资本投资、运营公司改革试点实施方案》	2019 年 3 月 28 日	一是“两类公司”要助力供给侧结构性改革。带头去产能，按要求全面完成各相关企业的产能压减任务。 二是“两类公司”要推进转型升级。加大对传统支柱产业改造提升和退城搬迁的资本投入力度，推动产品结构和价值链迈向中高端。
8	辽宁省《推进国有资本投资、运营公司改革试点实施方案》	2019 年 1 月 12 日	一是国有资本投资公司建“资本层—资产层—生产经营层”三级管控体系。 二是国有资本运营公司构建“精干总部—专业运营平台—参股企业”管理架构。
9	黑龙江《推进国有资本投资、运营公司改革试点的实施方案》	2019 年 10 月 25 日	国有资本投资、运营公司所持股国有控股企业中，符合条件的可优先支持同时开展混合所有制改革、混合所有制企业员工持股、推行职业经理人制度、薪酬分配差异化改革等其他改革试点。
10	江西省《国有资本投资运营公司改革实施方案》	2019 年 9 月 17 日	“一企一策”明确功能定位，明确“两类公司”总体功能是“投资融资、产业培育、资本运作、价值管理”。
11	重庆市《国有资本投资、运营公司改革试点实施方案》	2019 年 7 月 22 日	一是外部董事应在董事会中占多数，职工董事由职工大会或职工代表大会选举产生。二是推动股权或资产按照产业关联度实施资源整合，提升协同效应，减少重复投资。
12	青海省《以管资本为主推进职能转变实施方案》	2019 年 7 月 8 日	推动省属出资企业整体上市或主营业务上市，强化上市公司以提升内在价值为核心的市值管理。
13	贵州省《关于推进国有资本投资、运营公司改革试点的实施方案》	2019 年 11 月 28 日	照市场化、规范化、专业化的管理导向，建立权责清晰、精简高效、运行专业的管理模式。
14	海南省《省属国有资本投资运营公司授权经营暂行办法》	2017 年 11 月 3 日	设立规范的董事会，董事会成员中外部董事占多数，董事对董事会决议承担责任。

（续表）

序号	试点实施意见	颁发时间	政策要点和主要特点
15	宁夏《推进国有资本投资、运营公司改革实施方案》	2020 年 1 月 15 日	公司以资本为纽带、以产权为基础依法自主开展国有资本运作，不从事具体生产经营活动。
16	陕西《推进国有资本投资、运营公司改革试点实施方案》	2020 年 1 月 19 日	运用股权管理、基金投资、资产证券化、资产管理等市场化的运作方式，提高国有资本的流动性，集聚国有资本投向符合我省经济社会发展方向的行业和领域，引导、带动社会资本共同发展。
17	四川《省国有资本投资、运营公司改革试点实施方案》	2020 年 1 月 13 日	国有资本投资、运营公司建立对下属企业“一企一策”授权机制，优化集团管控。

三、国有资本投资、运营公司内涵

（一）组建目的

构建国有资本投资、运营主体，改革国有资本授权经营体制，完善国有资产管理体制，实现国有资本所有权与企业经营权分离，实行国有资本市场化运作。

（二）功能定位

国有资本投资、运营公司均为在国家授权范围内履行国有资本出资人职责的国有独资公司，是国有资本市场化运作的专业平台。公司以资本为纽带、以产权为基础依法自主开展国有资本运作，不从事具体生产经营活动。

（三）作用发挥

两类公司应从以下四个方面发挥重要作用。一是监管体制——推进国企授权放权的有力抓手。在国资监管体制方面，两类公司是国家对国有企业授放权的关键环节和有力抓手。授放权链条涉及三大主体两大关系：一是国家（国资委）对两类公司的授放权，以管资本为主的新型管控模式，提高国资监管的科学性和有效性；二是通过强化两类公司自身董事会职权，发挥市场主体地位，放大国有资本功能；三是加大对子企业的授权力度，有利于构建授放权链条，充分释放各级市场主体活力。

二是资本运作——提升国资运营效率的有效通道。在资本运作方面，两类公司通过打造以产业投资和股权运营为核心的业务模式，形成自身的核心竞争力，构建协同发展的多元业务体系，利用存量资本进行资源整合与价值创造，强化强化投资管理和风险管控，提升国有资本运营效率。

三是综合改革——激发国企活力动力的重要载体。在综合改革方面，两类公司试点是推进国资国企综合改革的重要载体，通过两类公司试点，围绕提升下属企业市场化经营机制，有效推进混合所有制改革、选人用人制度改革、职业经理人选聘、市场化薪酬分配制度改革等方面综合改革。

四是国资布局——推进国资结构调整的专业平台。在国资布局方面，从服务国家战略和区域战略出发，开展两类公司试点，能够有效发挥投资运营公司专业平台作用，通过对存量进行进退留转、对战略性新兴产业进行布局培养、对高科技进行孵化，更好促进国有资本合理流动，优化国有资本投向。

（四）比较分析

从管控模式、功能定位、产业布局、业务板块、与子企业关系等方面分析投资公司、运营公司、产业集团异同点。

表 6-3　投资公司、运营公司、产业集团比较分析

<table>
<tr><th>类型
要点</th><th>投资公司</th><th>运营公司</th><th>产业集团</th></tr>
<tr><td rowspan="2">功能定位</td><td colspan="2">国有资本市场化运作的专业平台，本身不从事具体的生产经营活动。</td><td>本身是从事生产经营活动。</td></tr>
<tr><td>以服务国家战略、优化国有资本布局、提升产业竞争力为目标，在关系国家安全、国民经济命脉的重要行业和关键领域，按照政府确定的国有资本布局和结构优化要求，以对战略性核心业务控股为主。</td><td>以提升国有资本运营效率、提高国有资本回报为目标，以财务性持股为主。</td><td>在关系国家安全、国民经济命脉的重要行业和关键领域发挥主力军作用。</td></tr>
</table>

（续表）

<table>
<tr><th>类型
要点</th><th>投资公司</th><th>运营公司</th><th>产业集团</th></tr>
<tr><td>运作方式</td><td>以投资融资、产业培育和资本整合等为主要方式。</td><td>股权运作、基金投资、培育孵化、价值管理、有序进退等方式。</td><td>从事具体生产经营活动。</td></tr>
<tr><td>产业布局</td><td>业务相对多元，可在主业范围之外，按照风险可控原则选择1—2个新领域产业培育。</td><td>没有主业限制，投资方向、行业领域更为灵活。</td><td>所处产业战略性更强，需要国有资本牢牢掌握，原则上一业为主或围绕产业链布局。</td></tr>
<tr><td>业务板块</td><td>遵循发挥投资引导和结构调整作用，推动产业集聚、化解过剩产能和转型升级，培育核心竞争力和创新能力，参与国际竞争的要求进行业务划分。</td><td>根据功能定位进行国有资本运作，相较于一般金融机构，运营公司更有条件把握实体企业需求，更有利于以融促产，支持实体企业发展。</td><td>围绕国有资产监管机构确定的主业，在主业范围内从事生产经营和管理。</td></tr>
<tr><td>管控模式</td><td>以战略目标和财务效益为主的管控模式。</td><td>财务管控模式。</td><td>运营管控、战略管控、财务管控等多层次的管控体系。</td></tr>
<tr><td rowspan="2">监管方式</td><td colspan="3">运用市场化法治手段，依靠公司章程，通过法人治理结构履行出资人职责，将监管要求转化为股东意志。</td></tr>
<tr><td colspan="2">不设股东会，由政府或国有资产监管机构行使股东会职权，政府或国有资产监管机构可以授权国有资本投资、运营公司董事会行使股东会部分职权。</td><td>股东会是公司的权力机构，依法依规行使权力；国有独资公司不设股东会，由出资人机构依法行使股东会职权。</td></tr>
<tr><td>子公司管理</td><td colspan="2">以资本为纽带，以产权为基础，通过股东大会表决、委派董事和监事等方式行使股东权利，开展国有资本的市场化运作，对所持股企业按照规范的法人治理结构管理，以出资额为限承担有限责任。</td><td>以产业为纽带，对所属企业实施管理。</td></tr>
</table>

第二节 对标世界一流标杆运作模式

选择投资类集团（GE 和三井集团）和运营类集团（淡马锡和挪威政府养老基金）等两类世界一流跨国企业作为对标对象，分析其在投资运营模式、授权经营体制、法人治理结构等方面的优秀做法和成功经验。

一、跨国产业投资集团——美国通用电气公司（GE）

（一）投资运营模式

一是定期优化产业布局。在综合研判市场行情和技术变化的基础上，GE 一般每十年进行一次内部产业布局调整，一般会增强有前途的行业投资，卖掉没前途的行业企业。经过最近一次板块调整，GE 现有的业务板块包括：GE 资本、GE 航空金融服务、GE 商业金融、GE 医疗等。

二是开展全产业链投资。GE 在开展产业投资时，不仅注重提供对关键企业的控制力，更注重通过投资上下游企业，增强对整个产业链的影响力。例如，GE 对海上风电产业进行投资时，通过与揭阳市政府合作，引入产业链上下游企业，打造包括制造、组装、叶片厂在内的全链条海上风电产业园。

三是聚焦核心主业发展。GE 金融在集团的地位与定位也经历了调整变化，鼎盛时期金融产业的利润一度占到集团总利润的 50%。2008 年的国际金融危机中，GE 利润大幅缩水与其金融业务占据核心地位息息相关。此后，GE 致力于将金融部门所占营收比例减少至三分之一，逐渐将重心重新调整到实业上，巩固其在制造业方面的领先地位[1]。

（二）授权经营体制

一是三级授权经营体系。GE 公司运营管理模式遵循“统筹决策、分散

[1] 朱玲：《GE 金融服务公司战略管理案例分析》，兰州大学 2013 年硕士学位论文。

经营”的原则，采用公司总部—产业集团—生产工厂三级授权经营模式。

二是授权经营体系内容。

第一层级：GE。GE是唯一的企业法人、投资中心和决策主体，主要负责制定公司长期发展战略，统一调配使用资金，审批下属产业集团财务，审计检查投资效果和产业集团经营状况，任命产业集团高管等。GE每年可以集中所有的利润投资新的产业或建设新的项目，保证在关键性业务上能集中整个GE的资源。

第二层级：产业集团。每个产业集团都是一个独立核算的经营实体，集生产、销售、服务于一体，GE对产业集团主要考核上缴利润及用于技术改造的投资预算两项指标。

第三层级：生产工厂（公司）。工厂作为具体的生产单位，被产业集团对其主要是以预算来控制的，防止个别生产单位因追逐本身经济利益而影响产业集团总的经营战略。

（三）法人治理结构

一是保证董事会“独立性”。GE董事会践行独立性原则，实现了16名董事中15名为独立董事的董事会结构。为更加了解公司运营情况，每名独立董事都会对集团及子公司实地调研。董事将注意力集中在可能影响到股东利益的相关因素方面，如公司战略、风险管理、管理运营等。

二是设立专门委员会。GE设置多个专门委员会，委员会之间职能明确，相互协调。例如，风险委员会由4名董事组成，负责监督GE的4—5个最关键的公司风险。

三是人才培养方式。GE注重人才专业化的培养，以便集团更加了解市场环境的细微变化，掌握日常经营并根据需求及时调整决策。例如，GE的克劳顿管理学院拥有资深的内外部讲师，依托GE全球研发资源、广泛的服务网络和跨行业优势，开发出适用于公司各层级的专业人才培养项目。

二、日韩财团——三井集团

（一）投资运营模式

一是独特的“产商融”模式。经过数百年的发展，三井集团形成了独特的“产商融”模式，即集团的成员企业将金融资本、商业资本和产业资本紧密其高效地结合起来。在这种模式下，集团的三井住友银行和三井物产为企业提供资金支持，为集团所属企业直接提供优质的低息金融服务，并组织集团企业参与和投资各种实业项目，催生和扶持了丰田、索尼等知名制造业企业的发展壮大。

二是灵活的投资策略。三井集团依靠在贸易和实业经营方面积累了大量政商情报，不仅为客户提供最有效的商业动态、市场行情等信息，也为自身产业投资提供依据。从明治维新后日本经济的崛起到二战后日本工业的复兴，三井集团依靠对市场敏锐的洞察力，先后投身粮食、机械、能源、纤维、物资、金融等领域，培育了多元化的产业资本。随着日本企业“走出去”步伐加快，三井集团开启了从产业发展多元化到区域发展多元化的扩展，对海外新兴市场的投资不断增加，特别是对中国宝钢企业的投资给其带来不菲的回报。

三是全产业链的投资。三井集团致力于做产业整合者，三井集团是否投资某个项目的主要考虑因素不是追求利润第一，而是追求长远的产业发展空间。三井集团依托集团成员企业，对产业链上下游外围企业进行投资，通过对渠道的控制来掌握该企业的原材料供给和运输等方式，打通产业链，增强在产业链中的话语权。三井集团与集团成员企业共同投资，但本身并不做大股东，也并不直接进行生产。

（二）授权经营体制

一是“有所为、有所不为”的决策体系。“二木会”是三井集团的最高领导机构，由集团内 26 家主要大企业集团共同组织，目的是定期聚首、互通信息、统一决策、协调战略、促进友好。其中三井银行、三井物产、三井不动产是集团的三大支柱企业。这三大企业的首脑人物形成最高领导核心，对外代表三井集团。

二是三井物产发挥协调和决策作用。三井集团的日常协调和决策机构是三井物产。三井物产作为三井集团的核心公司，有两个关键职能：第一是通过各种各样精心设计的服务促进客户的国际贸易活动；第二是全球性地调动信息、人力、财力等资源和客户共同努力，从而创建新的业务、新的公司，并进入新的产业。同时，三井物产本身又在日本国内外拥有上千家的关联企业群[1]。

（三）法人治理结构

一是“交叉持股”促进公司治理主体多元化。三井集团的成员企业通过交叉持股，互相派出股东代表，改变董事会的单一结构，强化董事会维护股东利益、加强对经营层监督作用，协调三井集团成员企业间业务联系和合作。例如，三井物产旗下的三井石油公司股权结构中，三井物产占 90%，其余 10% 股权分配于三井住友银行、三井住友建设等企业。

二是充分发挥职业经理人的作用。三井集团注重聘用职业经理人进行职业化管理，推崇职业经理人制度。三井集团在经营管理过程中一直延续传统的家族制度，职业经理人通常从企业内部产生。三井集团在培养职业经理人方面非常重视家族文化的涵养，家族文化熏陶是集团职业经理人成长的重要环境和条件。

三、运营类跨国投资集团——淡马锡

（一）资本运营模式

一是投资以收益性目标为主。根据淡马锡的规章，淡马锡以追求新加坡

[1] 许家琪：《日本三井集团的管理模式对我国国有大型企业改革的启示》，《现代经济信息》2018 年第 19 期。

长远的利益为目的，并不过分追求公益性任务，因此会根据投资需要适时推出一部分竞争性领域，保证资产的收益性。但是这并不代表淡马锡完全不履行公益性职能，公司仍旧会布局一部分公益性项目，履行国有企业的职能和社会责任。

二是投资主题聚焦。以推动社会发展和推动科技为目标，根据追求长期可持续的价值为原则，淡马锡确立了自身的四大投资主题，分别是转型中的经济体、增长中的中产阶级、显著的比较优势和新兴的龙头企业。通过寻找科技创新的企业，并不断重塑投资组合，以满足人口结构变化和消费模式转型的需要[1]。在投资框架内，淡马锡重点关注投资的价值内涵及风险回报框架，通过对每项投资进行自下而上的内涵价值测试，并根据风险评估其资金成本后，进行投资回报率的衡量。

三是投资组合多样。淡马锡始终保持充分的灵活度，在机会或挑战出现时重塑和平衡投资组合。淡马锡以股权投资为主，根据风险回报偏好，结合对市场的展望和价值测试结果进行投资或脱售，且不会对资产类别、所在国家和行业设定限制。从投资区域看，约有三分之二分布在亚洲，欧洲、北美、大洋洲等地均有布局。从投资行业看，金融服务、电信、媒体与科技、消费与房地产、交通与工业占据了 80% 以上的投资比例，遵循其所规定的四大投资主题和内在投资逻辑。从投资资产的流动性看，淡马锡流动资产投资占比 36% 左右，上市及非上市资产均持有一定部分，保障资金运用的安全性和灵活性。截至 2019 年 3 月，淡马锡投资组合净值为 3130 亿新元，近 10 年股东回报率为 9%[2]。

（二）授权经营方式

淡马锡构建问责制，在授权与守则之间取得动态的平衡。从股权关系

---

［1］ 杨博：《围绕四大主题　淡马锡投资聚焦新兴领域》，《中国证券报》2016 年 7 月 8 日。

［2］ 郑一真：《淡马锡持中国资产比例首超新加坡本土　“另类”外资近 20 年坚定看多中国》，《经济观察报》2020 年 9 月 26 日。

看，淡马锡由新加坡财政部长全资持有，但无论是新加坡总统或新加坡政府，均不参与淡马锡的投资或其他商业决策。淡马锡董事会则承担受信责任，负责投资组合的管理，履行投资者、资产所有者和资产管护者的职责。

一是政府充分授权。作为一家商业投资公司，淡马锡是资产的所有者，而非股东的资金代管人，除非关系到淡马锡过去所累积的储备金，新加坡财政部不参与其投资、脱售或任何其他商业决策。淡马锡只依照股息政策，每年以利润的一部分向股东派发股息，另一部分留存用于再投资以获取未来回报。

二是董事会履行职责。从董事会职责来看，淡马锡董事会掌握了实实在在的自主决策权，而不受新加坡政府的干涉，新加坡政府仅通过任命部分董事会成员来保障淡马锡在运营过程中维护国家权益的初衷与动机。董事会具体权力包括整体长远战略目标、年度预算、年度经审计的法定财务报表、重大投资与脱售建议、重大融资建议、首席执行长的委任及继任计划、董事会变动等。下设的执行委员会负责批准新的投资与脱售决定，审计委员会兼具内审与外审的职责，领袖培育与薪酬委员会则负责人事与薪酬政策。

三是不干预淡联企业。淡马锡充分尊重所投资企业的自主经营权，并不直接参与其日常决策和经营。无论所投资的是初创企业或是成熟企业，淡马锡只是为不同发展周期的投资组合公司增加或创造价值，与合作伙伴、投资组合公司的董事会和管理层分享对全球或战略趋势的见解。投资公司的董事会自行制定与推动战略，并由其管理层来运营公司，淡马锡不干预其日常决策。

（三）法人治理机制

一是治理机制。淡马锡强调实质重于形式，长期利益胜于短期利益，并把机构置于个人之上。新加坡财政部任命少数董事会成员代表，以保障董事会能代表新加坡政府利益，履行作为国有资本运营公司的国家职能。董事会则上承政府部门，下接经理层，是实现以管资本为主和企业市场化运营的关键层级。董事会下设执行委员会、审计委员会和领袖培育与薪酬委员会，下设各委员会的主席均由一名独立于管理层的非执行董事担任，三个委员会在授权范围内行驶日常决策职能。财政部提名、总统任命、董事会履职，而董事会成员不受政府直接决策影响，董事会、财政部和总统分权制衡模式是确保淡马锡治理结构的核心[1]。

二是董事会运作模式。从董事组成来看，淡马锡已经建立起外部董事占多数的董事结构，董事来源多样，有政府官员、企业领袖，背景涵盖法律、金融等多个领域，保障了董事会决策的科学性和合理性。从董事会职责看，董事会成员中有财政部任命代表，能够代表政府监督重大决策，保障国有资产的安全性。从董事会对经理层的关系看，经理层由公司提名委员会向财政部推荐，由财政部向总统顾问委员会提名，由总统批准任命。虽然并非完全决定经理层的任命，但是对公司日常经营有重大的影响。

（四）人才及薪酬机制

从人员构成看，淡马锡当前拥有800多名员工，员工来自约30个国家、分布在11个办事处，公司以其特有的MERITT价值观“唯才是用、追求卓越、互相尊重、讲求诚信、团队协作、互信互助”为导向来选聘团队。从管理层选聘来看，候选人由公司提名委员会向财政部推荐，由财政部向总统顾问委员会提名，由总统批准任命，确保团队成员满足董事会及政府的多方要求。

从激励机制看，除提供市场化的、具有竞争力的基本薪酬和有利于员工家庭的福利待遇之外，同时设立年度现金分红、财富增值分红储备和投资共享计划的短、中、长期激励机制和利益共享机制。

（五）风险管控方式

一是设立风险管理框架。淡马锡的风险回报偏好原则（RRAS）为其风

---

[1] 曾祥展：《淡马锡如何“管资本”》，《董事会》2016年第5期。

险管理框架，设定了不同的风险容忍度，涉及名誉风险、流动性风险、总体投资组合长期持续亏损风险等类别。对于资产类别、国家、行业、主题或单一企业的投资，都设置对应的界限值，保障资产的灵活性和资金的韧性。同时，为了使运营风险最小化，淡马锡风险管理被纳入系统流程之中，包括审批权限授权、公司政策、标准运营流程及向董事会进行风险报告。

二是突发事件管理。淡马锡设置应急管理框架，应对给人身、财产和网络安全造成影响的事件及其他威胁，并将潜在的新风险考虑在内，通过应用新技术予以应对，保障业务的持续性。通过淡马锡基金会组织的企业心理韧性培育计划（B-PREP），设立危机支援网络，加强员工对重大危机或职场事故的心理承受能力。定期演练应急计划，包括数据中心全面恢复演习，以确保其有效性和适用性得以满足需要。同时，通过“热站”服务，确保在发生紧急事故的情况下，主要员工能够继续正常工作。

四、国家主权投资基金——挪威全球政府养老基金

1990 年，为了缓冲油价波动对经济造成的影响，以及石油资源的不可再生性和社会老龄化问题，挪威政府组建了政府石油基金。2006 年 1 月，石油基金更名为政府全球养老基金（简称 GPFG）。GPFG 的资金主要来源于油气行业的税费收入、国有石油公司的分红、国家直接财政收益、油气许可证收入等。考虑到资金体量等因素，GPFG 全部投资于海外市场，避免引起国内经济出现较大波动。截至 2019 年底，GPFG 资产管理规模超过 1.1 万亿美元，是目前全球最大的主权财富基金，1998—2019 年均投资回报率为 6.1%。

（一）治理结构

GPFG 成立之初由财政部直接管理，1998 年，挪威银行投资管理公司（简称 NBIM）成立，被授权代表财政部管理基金，至此 GPFG 的管理架构初步形成。经过 20 多年的发展，GPFG 已经建立起一套高效而全面的授权

监管机制，财政部为受托机构，NBIM 为执行机构[1]。

挪威国会通过《政府养老基金法案》为 GPFG 设定了法定运作框架；财政部承担对 GPFG 的全面管理责任，并对其管理设定相应规则，具体包括：制定长期的投资策略，确定资产组合配置权重、风险控制标准、绩效评价标准及对管理层的表现进行评估并及时向议会汇报；挪威银行作为 GPFG 的委托管理机构，由挪威银行执行委员会委派 NBIM 的运营管理团队；NBIM 的 CEO 由挪威银行执行委员会委派，管理团队在授权范围内负责 GPFG 的日常运作。

（二）投资运营模式

GPFG 采取的是高度分散的组合型投资策略，不谋求目标企业的控制权，因其对所投资行业的影响小，所以常常被界定为市场化的行为，容易得到东道国的认可。从投资区域范围看，GPFG 的投资地域和国别不断增加，2019 年已覆盖北美洲、欧洲、亚洲、大洋洲的 74 个国家和地区。从投资类型看，以权益性投资为主，辅以配置债券投资和地产投资。2019 年，股票投资占比 70%，债券投资占比 26%，房地产投资占比 4%。股权投资企业共计 9202 家，其中股权占比超过 2% 的有 1469 家，超过 5% 的有 39 家；平均持有所投资的上市公司股权占比为 1.5%。

作为国家养老基金，GPFG 在策略变化上也体现出相对谨慎的特点。将股票占比从 40%提高至 60%、从 60%提高至 70%时，均设置了 2 年过渡期。2008 年，财政部初步决定允许 GPFG 进军地产市场，2010 年正式授权，直到 2011 年才完成了首笔房地产投资。

在对投资企业的管理方面，GPFG 通过行使投票权来参与所投企业的公司治理，促使投资对象董事会在决定公司战略时，更全面地评估其活动可能造成的环境和社会后果。2019 年，GPFG 累计出席 11518 次股东会，就

[1] 刘文、颜相子、黄艳华：《国际视角的公共养老储备基金资本化运作及投资业绩研究》，《东岳论丛》2020 年第 8 期。

116777 项事项进行了投票。

（三）监管机制

GPFG 每个季度公开发布一次财务报告，政府部门和社会公众可以从中了解投资收益情况，从 NBIM 的网站上任何人都可以查询到 GPFG 的相关资料和年报。此外，挪威政府于 2003 年特别成立道德监督委员会，来帮助财政部更全面地监督基金的运作，委员会有权要求 NBIM 提供所有信息，且 NBIM 必须执行委员会提出的意见。该委员会由 5 人组成，经议会同意制定工作章程和职责，并每年向财政部递交一份督查报告，实时监督每一项投资是否遵守了各项国际法规。

第三节　两类公司改革现状调研

上海国有资本运营研究院面向各省、直辖市、计划单列市国资委，以及中央和地方国有资本投资、运营公司试点企业（含 37 家省级国资委试点企业及部分地市级试点企业）共计发放问卷 202 份，对两类公司改革情况进行了系统梳理。

一、改革试点总体情况

（一）改革试点全面加速推进

从试点方式来看，央企试点通过改组和合并的形式完成组建。省级试点主要通过改组和新设的方式设立。省级试点中，69% 的企业通过改组的方式完成组建，18% 的企业通过新设的方式完成组建，其余通过合并的方式组建。

从试点类型来看，包括投资、运营，还有投资运营兼具。中央试点投资公司 19 家，运营公司 2 家，省级试点投资公司 57 家，运营公司 30 家，投资运营公司 20 家。

从试点性质来看，国有独资公司均占比八成左右。央企试点中 76% 是国有独资公司，24% 是国有全资公司。省级试点中 81% 是国有独资公司，13% 是国有全资公司，其余 6% 为国有控股公司。除国有独资公司外，其他试点多为国资委和其他国有企业共同持股。

（二）试点企业实力分布不均衡

从主业布局看，两类公司多为产业龙头及金融领先企业。央企试点中，投资公司主要是产业类主业。省级试点中，35% 的投资公司、54% 的运营公司、75% 的投资运营公司主业包含投资业务。

从行业分布来看，央地具有显著差异。央企试点行业主要集中在制造业和金融业。省级试点中，投资公司行业分布更多地注重均衡，运营公司行业分布则向金融业和租赁和商务服务业集中。

从企业规模看，试点企业规模差异较大。2019 年，央企试点平均资产规模 1.18 万亿，其中招商局超 9 万亿，南光为 237 亿。省级试点企业规模体量相对较小，资产规模差异较大，总体呈稳步增长态势。

从子公司数量看，央地平均子公司数量相近，但央企拥有较强的控制力。央企试点平均每家拥有 32 家子公司。

（三）试点企业不断完善功能定位

围绕功能定位和核心主业，试点企业充分体现投资运营职能。试点企业的运营效率和盈利能力不断提升，央企试点的平均资产负债率和净资产收益率高于省级试点企业。

二、试点成效分析

（一）以“管资本”为主落实授权经营体制改革

国资委加大对两类公司的分类授权力度。全国范围内已有 28 家省级国资委对所出资企业进行了分类授权，占比 76%。从授权方式看，主要分为试点企业统一授权和“一企一策”逐一授权。大部分地区国资委进一步深化授权放权事项、细化授权内容，赋予试点企业更多的董事会职权，使得试点企业有更多更灵活的自主决策权。

两类公司加快探索授权事项逐级下放[1]。针对不同事项和子企业特点，试点企业对下属子公司的授权事项有所差异。中长期发展规划多数授予完全竞争类及特殊改革类子公司，但对于其他子公司的授权相对较少。债权类融资、股权激励、经理层选聘、经理层考核、经理层薪酬管理权等方面授权已经逐步放开。在对子公司授权探索中，央企普遍快于省级试点企业。央企试点中，19 家央企已对下属子公司进行了分类授权，并根据自身企业特点采取了不同的分类标准。省级试点中，48% 企业对下属企业开展了分类授权。

公司治理架构不断完善。多数两类公司设立了董事会，且董事会结构健全，运作高效，在重大事项决策权方面得到了有效落实，多数试点企业在集团层面董事会中引入了外部董事，两类公司外部董事参与决策度逐步提升，董事会决策能级得到提高。目前试点企业下属二级企业的外部董事仍然主要由集团领导、总部部门负责人兼任。多数央企试点已经同时拥有专职外部董事，省级试点外部董事专职化仍在推进之中，并逐步探索建立专职董事候选人库。

分类管控逐步推进。随着股权控制力度减弱，集团管控事项逐步减少。对不同持股比例的子公司，党的领导、党组织建设和纪检监察都是管控重点，其次是战略规划管理、资金和投资相关事项的管理、内控管理等，较为具体的事务，如信息化建设、采购、节能减排等管控相对较少，逐步进行授权放权。

风险防控体系逐步完善。20 家中央和 65.7% 省级试点都围绕核心业务，建立了与管资本相适应的风险管控制度体系，也形成了监事会、审计、纪

[1] 李锦：《两类公司改革已成为国企改革牛鼻子》，《经济参考报》2019 年 1 月 2 日。

检、风险合规和法律事务等多部门协同监督机制，从健全机构、梳理制度、流程再造入手，充分发挥内部审计规范运营和管控风险等作用，构建覆盖各业务领域、部门、岗位，涵盖所属各单位全面、全员、全过程有效的风险防控体系。

（二）围绕“股权进退流转”提升资本运作能级

创新运用多种市场化工具拓展融资渠道。两类公司融资以银行贷款和发行债券为主，部分实现了股权融资，并在创新融资方式上做了较多探索。央企试点中，有 9 家试点央企反馈实现了股权融资，4 家试点央企尝试设立基金，3 家试点央企通过可交换债、类 REITS 等其他创新方式融资。省级试点中，16 家地方试点企业通过可交换债、内保外债、保险基金直投等其他创新融资方式进行融资。

投资基金化突出规模效应和带动影响力[1]。中央和省级试点在产业投资方式上存在较大差异。央企试点合计主导发起基金总规模达 1.9 万亿元，多数采用直接投资的方式延链补链，逐步向产业投资基金化发展。省级试点合计主导发起基金超过 1.4 万亿元，逐步实现“直投 + 基金化产业投资”并重，并在组建母子基金集群方面取得较大进展。

打造上市公司集群提升资产证券化水平。央企试点比省级试点拥有更多的上市公司。央企试点集团范围内平均拥有 9 家上市公司，且有较强的控制力，基本形成上市公司集群。省级试点集团范围内拥有的上市公司较少，且多数由子公司持股。

（三）充分发挥优化国有资本布局结构调整功能

试点企业积极开展新兴产业投资。央企试点中，共有 18 家投向新兴产业，平均投资额达 135.7 亿元，新兴产业占全年新增投资比例均值为 21.3%。省级试点中，共有 69 家省级试点企业投向新兴产业，平均投向新

[1] 周道洪：《国企管资本亟需确立基金化思维》，《上海国资》2020 年第 8 期。

兴产业的投资额为13.5亿元，占全年新增投资比例15%，其中有42家通过基金向新兴产业投资，新兴产业投资额占基金投资总额的50%。

试点企业引领服务“一带一路”倡议。央企试点中，共有5家通过基金投向了“一带一路”，平均投资额占基金投资总额的43%。省级试点中，共有7家通过基金投资投向“一带一路”，平均投资额占基金投资总额的33%。

试点企业采用多种方式推动存量资产整合。从数量上看，央企试点平均采用2.6种方式，地方试点平均采用2.4种方式。从方法上看，同类业务横向整合、无效资产退出是存量资产整合重组的主要方式。

（四）先行先试综合改革健全市场化经营机制

完善国有企业市场化选人用人机制。所有央企试点集团公司的党委书记、党委副书记、董事长、总经理、副总经理、纪委书记均由上级组织部门/国资委党委进行干部任免或管理，其中有18家央企任免到财务负责人，有6家央企会任免工会主席。央企试点中，只有宝武集团、中广核集团和中交建集团各有1家存在所持股企业领导班子成员由上级组织部门/国资委党委任免和管理的情况，其余18家央企试点子公司人员任免放开。

进一步推行经理层任期制和契约化管理。央企试点中，共有7家在集团公司层面实行经理层任期制和契约化管理。约75%的央企（16家）在二级企业层面开展经理层任期制和契约化管理。职业经理人试点方面，集团层面较少推行职业经理人的试点，但在二级子公司层面已推行职业经理人的试点企业接近半数。

灵活运用分类考核及市场化薪酬激励。14家国资委已对出资监管企业进行了分类考核，占比39%。其中，在央企试点企业中，有5家（占比24%）完全进行市场化薪酬分配，有14家（占比67%）在部分岗位进行了市场化薪酬分配的探索，有2家（南光集团和新兴际华，占比9%）尚未实行市场化薪酬分配。

以混改为抓手深度转换现代化经营机制。引入战略投资者、整体上市和员工持股是中央和省级试点进行混改的主要方式，多数央企试点拥有上市平台，使用整体上市的案例高于员工持股的案例，部分试点企业选择基金化、控股民企和项目合作等方式混改。央企试点的二级混改企业中，通过上市进行混改的比例呈现两极分化形势。12 家央企的二级混改企业中上市公司占比低于 20%，8 家央企的二级混改企业中上市公司占比高于 50%。

（五）以加强党建引领试点企业高质量发展

将加强党的领导和完善公司治理相统一。央企试点中，平均每家有 3 名集团公司党组织领导班子成员进入董事会，在董事会成员中占比 37%；平均每家有近 6 名集团公司党组织领导班子成员进入经理层，在经理层成员中占比 88%。

将党建工作总体要求纳入公司章程。两类公司积极探索“管资本管党建、管人管党建”相统一的制度机制，十分重视党群建设工作，所有中央和地方试点都已经全部将党建工作总体要求纳入公司章程。省级试点企业中，平均每家试点企业有 19 家二级子公司将党建工作纳入公司章程。

将党组织研究讨论作为决策前置程序。党管企业方面，所有试点两类公司均将集团公司党组织研究讨论作为企业决策重大事项前置程序。

第四节　当前两类公司面临问题

两类公司转型发展有待进一步加快，内部改革有待进一步深化，清理整合有待进一步攻坚，发展活力有待进一步释放。部分新设、新改组的企业在明确功能定位和发展战略、完善法人治理机构和授权机制、优化运营模式和经营机制等方面尚处于探索阶段，尤其在推进授权放权改革、混合所有制改革、职业经理人等重要环节面临较多挑战。

一、试点企业功能作用发挥有待升级加强

（一）尚需进一步明确功能定位和主责主业

部分试点企业与区域内其他企业、平台公司之间产业布局重合、职能定位重叠竞业，集团内部与其他国有国企交叉持股问题突出，发展方向和规划的延续性不畅。一是功能定位划分尚不明晰，主业投资受到一定限制。地方试点在实际运行中，基金投资、价值管理、有序进退等环节既包含投资，又包含经营，国有资本投资公司、运营公司难以区分开来。中央试点集团主业调整滞后，多数中央投资公司试点尚未将投资纳入主业，同时严控非主业投资，一定程度上制约了投资公司上下游产业的优质投资机会，难以更好的发挥投资公司产业调整、产业整合、产业培育和以融促产的作用。为了避免国有资产流失，实现国有资产的稳健增值，往往选择围绕主业发展的投资效益稳定的稳健型投资项目，投资方向单一，不利于优化资源配置和整体投资效率的提升。二是部分地方试点实际功能定位与国有资本投资运营平台的应有定位要求存在差距。部分试点企业仍作为国企融资平台、改革配套平台和民营企业纾困平台，承担全市政府隐性债务化解任务，解决国有企业改革历史遗留问题、支持各类国资国企面对的流动性困难等工作，与国资布局结构调整、存量盘活、产业发展和新增产业投资等规划目标缺乏统筹联动，在国企整合重组和重大改革中参与度不高，承担任务不多，国有资本运作效率和水平尚需进一步提升。三是在推动国有经济布局优化和结构调整，引导和带动社会资本共同发展方面还有很多发力空间。国有资产质量参差不齐，配置有待进一步整合优化，在带动产业联动调整方面还有大量的工作，需要研究如何健全完善国有资本投资运营公司运作机制，丰富放大国有资本运营公司功能，促进国有资本向重点行业、关键领域和优势企业集中。

（二）资本运营规模实力与任务要求不匹配

部分省级试点企业综合实力与功能定位相比基础偏弱。一是央企试点规

模上表现出“虚胖”，地方试点注册资本和资产规模较小，缺乏可以运作的控股上市企业和金融资源。中央试点合并报表资产规模虽大，但自控自营资产规模小，同时承担较大的政府功能性支出。金融资源呈现“碎片化”和“分散化”，难以发挥规模优势和杠杆作用，提供长期服务、增值服务和综合服务水平不足。省级试点由于增资和股权划入较慢，市场化业务进展迟缓，部分试点企业资本实力薄弱，信用评级较低，资产结构需要调整，资源要素保障与投融资需求存在错配，可使用的金融工具手段和渠道平台不够丰富。二是试点企业存在缺乏支柱产业和核心盈利能力的问题，财务稳健性面临挑战。试点企业下属子公司普遍存在行业分散、发展不均衡、规模不大、效益不高、利润来源单一、资产质量参差不齐等问题。经营性产业布局还不够科学、对内依存度较高，自身造血功能有待加强。股权直投、政策性投资任务比重较大，投资回报周期较长，收益不稳定，投资期现金流无法充分保障，债务偿还的压力较大，金融风险隐患需加大处置。三是企业划转和剥离整合的历史遗留问题较多。“小、散、弱”企业、空壳和僵尸企业及无实质经营业务的企业较多，离退休人员负担较重，土地房产确权困难等，在人员安置、亏损企业治理、低效无效产能处置、债务债权诉讼等方面都不同程度存在历史遗留问题。在理顺产权关系时，因不少土地为划拨地，权属变更存在困难，即使可以变更，也需缴纳高额的出让金和税费，增加了改革成本。大量房产无产权证件或在原持有单位名下，带来了诸多资产管理问题和上访、群访事件，给生产经营和维稳任务带来了不利影响。

（三）投资运营面临“进退两难”的突出问题

目前试点企业没有充分发挥在市场资源配置中的决定性作用，缺乏与投融资全生命周期相配套的专业能力。一是试点企业对资本市场的利用不足，与上市公司的合作还需加强。资本运营缺乏明确的战略定位和系统性的协调，“融、投、管、退”资本运作能级不足，关键性的金融牌照，如银行、证券、保险、信托、公募基金、融资租赁、AMC 等都未取得突破，多数国际资本运营还是空白。国有产权登记和产权流转的方式、效率、成本问题与企业规模化发展及市场化运作模式不适应的情况逐渐凸显，运营质量和运营效率有待提高。二是市场化的退出路径不畅。试点企业在改组过程中，围绕新的战略定位需要通过混改、股权转让等方式逐渐退出竞争性行业的控股公司，但在国有资本退出过程中耗时较长。试点企业受行政干预等因素的影响较大，承担的政府交办的任务和社会公益事业退出难度大，影响了整体资本收益水平，投资退出方面也缺乏相应的容错机制。

二、向管资本转变的能力和举措有待完善

（一）尚未构建责权利对等的授放权全链条

近年来，国有资产管理体制改革持续深化推进，但政企分开、政资分开、所有权与经营权分离还不够彻底，试点企业自主经营权还未完全到位。根据问卷调查，在推进授权经营体制过程中，大多数中央及省级试点企业自身已经具备行权能力，可以承接并逐步落实授权，目前面临的主要问题仍在于国资委授权放权事项不够、力度不足、界面不清晰、操作流程机制不明确，导致名义授权但实际并未充分授权的情况。

一是履行出资人职责的权力受到一定阻碍。国资系统政策与工商系统、税务系统等的政策兼容性、同步性不强，如《企业国有资产法》第十一条规定，“国务院和地方人民政府根据需要，可以授权其他部门、机构代表本级人民政府对国家出资企业履行出资人职责。”但需要其他相关法律法规作相应修改，以补充、完善和理顺政府授权国有资本投资、运营公司履行出资人职责的规定。此外，部分原国资委直管企业划归运营公司后，体制机制、想法思路、干部管理等尚未理顺，部分职能部门对两类公司行权有效性有所保留。

二是授权放权仍然不够充分，内外部体系尚未健全。在董事会授权、职业经理人制度、工资总额管理、资产处置、投融资决策、国企改革等方面，

没有体现出国有资本投资运营公司的特殊地位，特别是在职业经理人员的选聘、业绩考核和薪酬管理方面，按照已出台的管理规定，董事会的权限有待进一步放开。

三是在实际操作中，部分授权放权无法落到实处。如针对企业工资总额等管理方式进行了授权，实际对子企业工资总额的核定及分配的相关事项，仍未归位于试点企业，试点企业在对子企业年度经营业绩考核中，操作空间十分有限，难以发挥考核“指挥棒”的作用。尤其是在推进子企业市场化改革的过程中，对于市场化选聘的职业经理人，需要采用市场化对标的方式确定薪酬总额，如果依然采取现有的工资管理模式，在推进的基于转换经营机制的劳动、人事、薪酬分配制度改革将很难落地。

（二）有待完善中国特色现代企业治理体系

部分省级试点企业及下属二、三级企业法人治理结构不完善，运行制度机制不健全，行权能力有待提高。一是党委会与其他治理主体之间的关系需要进一步厘清。在坚持“两个一以贯之”，积极探索“管资本管党建、管人管党建”相统一的治理机制方面，指导性的方案还不够具体，在推动党建工作与生产经营深度融合，推行党务干部与业务干部交流融通，公司管控模式、运行机制与党的领导还需要进一步协同等方面，具体的方法不足。二是外部董事及专门委员会作用发挥不够突出，决策链条较长、决策效率有待提升。“三重一大”事项决策范围、决策机制有待进一步明确。央企中外部董事过半原则的执行率相对较高，而地方企业由于组织架构调整、外部董事管理办法不完善、外董渠道不畅及人员不足等情况，部分地方试点在向二级企业选派外部董事方面较为滞后，相当一部分下级企业的外部董事没有过半数。三是改革进程中部分治理架构调整与公司法和现代企业制度不相适应。社保基金无偿划转影响公司性质，不再是国有独资的企业，按照公司法需要设立股东会，对后期国有资本投资运营工作的进行产生较大影响。海南省机构改革后，国资监管部门内设的监事会派出机构撤销，因而未派出监事，试点企业的监事会无法正常运作。

（三）管控模式优化尚需与改革发展相同步

受思维惯性、管理磨合等因素影响，在管控方式、管控手段、管控规则等方面还不够完善，试点企业集团总部价值发挥不到位，内部协同需要进一步深化。一是战略管控能力不足。资本运作的管控理念、方式相对滞后，多数试点企业仍处于从产业运营为主到战略管控为主模式的转变过程，新老组织结构调整转换出现“不到位、不适应”的问题，改革进程相对缓慢。二是资本运营和金融业务管理模式有待优化。例如，中交建在集团两级总部分离改革的初期，集团和股份按照平行总部模式运作，集团资本运营和金融业务由两级总部平行管理，管理界面和职责不清晰，造成部分业务双重管理、部分业务管理缺失等一系列问题，不利于集团资本运营和金融业务专业化集中管理，以及统一对接国资委等监管机构。三是尚需加强对不同所有制主体分类管控模式的研究和实践。试点企业集团管控体系和规模扩张、混改试点等不相匹配，需要在股权关系上加快理顺，管理模式上加快改革创新。例如，国家电投总部与国家核电本部深度整合，但目前为控股而非全资持股关系，在由国家电投总部负责履行国家核电各项业务、资产、机构等管理职责方面存在一定困难。

三、试点企业的市场主体地位落实不充分

（一）尚未形成“引留育用”的人才支撑体系

试点企业承担了自身发展和国有资本保值增值的双重压力，对人员的专业素质，工作效率、管理能力等都提出了更高的要求，然而目前主要实现了“契约化管理”，在“市场化选聘、差异化薪酬、市场化退出”等方面推进不足，薪酬待遇不具备市场竞争力和吸引力，激励机制不健全。一是对成熟的高端复合型专业人才的需求愈发紧迫。目前试点企业普遍面临经营管理、资本运作、法务风险控制、信息化人才等资源的紧缺，战略新兴产业、未来引领类产业人才储备不足，导致对新产业发展规律认识不充分，投资风险和机

遇辨识能力亟须加强，尤其是缺乏熟悉资本市场、熟练运用金融工具的资本运作团队，涉及产业技术类项目的估值、评价和发展决策，缺少专业人才判断和执行。央企和地方企业均有不少使用兼职人员负责风险防控的情况，且地方企业的风险控制人才更为紧缺；二是工资总额灵活高效的管理办法仍处于探索阶段，试点企业在快速改革发展过程中，工资总额管理一定程度制约了可操作的空间，按照国资委薪酬包的方式，采用定岗定薪的年薪制，工作强度与薪酬的匹配度较低，不同部门的薪酬结构、不同绩效水平的奖金激励尚未明显体现出差异化，职业经理制度和工资总额管理间较难找到平衡点；三是投资运营的周期性与工资和效益联动机制相矛盾。试点企业不断加大业务布局调整和项目投资力度，基金出资及项目投资所需资金大部分通过注册发行各类债券募集，财务成本需在当年列支且无法资本化，并且项目投入至效益产出需要一定时间，若效益不能体现，员工工资总额就会受影响，导致公司总部与旗下资本运作体块的薪酬激励水平与金融投资行业存在较大差距；四是超额利润分享、项目跟投、虚拟股权等激励方式缺乏实际操作经验，国企跟投在政策上有“上不持下”的规定。国务院 2008 年颁布的《关于规范国有企业职工持股、投资的意见》表示，上级单位员工不得持有下级单位的股权，使得通常在跟投方案中的总部人员绑定成为不可能，对于运营或操作型管控，对总部在决策环节参与较多的公司而言影响相对较大。此外，对于同一时期同一激励对象是否只能采用一种激励方式，以及超额利润分配如何实施和考核等关键问题还存在较大分歧。

（二）经理人管理体制上存在“夹生饭”现象

职业经理人选聘机制不成熟、考核指标和业绩判断缺乏标准，中央与地方试点在推进职业经理人方面的进度不同。一是央企试点目前主要问题在于选聘的市场化不完善，退出的机制不明确，职业经理人身份定位不清晰。部分试点企业本部及部分下属企业高管由组织部或市国资委任命，目前还没有建立畅通的企业领导人员身份转换渠道，加上国内还未形成成熟的职业经理人市场，市场化选人用人改革推进缓慢。仅经理层实行职业化，公司中层管理人员上升通道受阻。二是地方试点在市场化和身份定位方面的问题瓶颈也比较集中，存在权责不对等，但最主要的是薪酬确定和考核评价存在较多困难。职业经理人薪酬受公司工资总额和企业经营情况限制，缺乏有效的经理人制度及激励约束机制，同时经理班子也无法用市场化的方式更好地来激发团队活力，整体参与积极性不高且进展缓慢，上级需要加强对企业推进职业经理人具体指导。三是部分中西部试点企业推行职业经理人市场化选聘的渠道有限。如西北边陲的试点企业，受独特的地理环境、东部沿海地区差别化的薪酬待遇水平和工业企业发展基础薄弱等因素的影响，懂得如何经营管理的高层次人才不多，在开展职业经理人引进聘用方面存在较大困难，相关工作开展缓慢，缺乏先行先试，破疾而行的信心和魄力。

（三）考核激励机制与投资运营平台不适应

国有资本投资运营公司具体的实现形式、总体目标、评估标准、分配机制还在摸索之中。一是以“管资本”为主的考核体系有待建立健全。《国务院国资委关于以管资本为主加快国有资产监管职能转变的实施意见》要求对不同功能定位的企业实施分类监管、分类考核，但目前部分试点企业仍划分为功能类国有企业，与市场化、竞争性相矛盾。二是考核评价机制有待从分类考核进一步推进“一企一策”。试点企业仍以年度计划和单个项目或任务为主，总体缺乏可持续、可量化的中长期运作目标和相应的制度安排，前瞻性长远规划不足。部分企业考核体系较为复杂，考核指标数量多，涉及面广，对两类公司的考核指标重点不聚焦不突出，不能完全适应两类公司的功能定位。

四、深化混合所有制改革尚普遍困难重重

（一）央企和地方试点混改的基础仍然薄弱

一是混改标的仍需先解决好历史遗留问题。解决历史遗留问题面临诸

多风险挑战，部分试点企业因为经历时间较长，早期管理部门撤销、人员调动，政策延续性的断层等，导致企业改制不完整不彻底，政策资金返还不到位，土地、房产权证办理难以落实。协助解决改革试点面临的土地收储收益返还、历史欠税及滞纳金减免、土地划转过户、企业工商注销等历史遗留问题迫在眉睫。二是与央企有所不同的是，地方企业债务处置难的问题较为突出，同时受到关联交易的影响较大。根据《关于印发关于国有控股混合所有制企业开展员工持股试点的意见的通知》等要求，实施员工持股企业的营业收入和利润90%以上需来源于所在企业集团外部市场，而目前一些拟混改企业与试点企业集团之间的关联业务比例超过有关规定，影响了员工持股及混合所有制改革深化推进的进程和效果。

（二）对战略投资的吸引力不足参与积极性不高

一是尚需加强对混改工作的顶层设计。完成高新技术产业类集团、基金管理类公司等混改难度较大，需要联合上级政府、国资委进行战略顶层设计，做好统筹规划后实施，综合考虑人员安置、财产接收等因素。地方试点利用上市平台和混改基金较少，混改手段不如央企丰富。二是混改引入战略投资者成为最大瓶颈，民营股东参与企业经营的意愿不强。缺乏理想的战略投资者，目前是央地试点推进混合所有制改革面临的首要问题。尚未充分没有体现出混合所有制企业的差异性，国有相对控股的混改企业，在经营机制、决策机制、履职待遇、工资总额管控等方面沿用国有全资企业的管控模式，同时由于问责非常严格，央地普遍担忧混改过程中出现国有资产流失的情况。三是面临定价难、出资难、融合难的挑战。地方试点在股权结构的谈判空间有限，文化融合处于阵痛期。目前激发企业活力方面在一定程度上仍受体制机制制约，现行混改员工持股层级和比例限制的规定难以适应改革要求。

第五节　深化两类公司改革建议

根据前述对于两类公司改革内涵的探讨和认识，对标世界一流标杆投资集团的运作模式，并结合上海国有资本运营研究院对全国范围内，中央和地方国有资本投资、运营公司试点企业（以下简称“两类公司”）开展的全面调研中获得的一手资料及通过深入分析后发掘的问题，从两类公司的顶层设计及布局结构优化、授权体系构建、市场化经营机制建立、配套政策和方案的细化等方面提出具有可操作性的深化两类公司改革建议。

一、优化布局结构，有效发挥两类公司作用

（一）从顶层设计入手，深化试点整体工作

一是不断优化中央及地方试点企业的类型、数量与组合，形成管资本企业结构“总体格局”。根据问卷调研，目前各省级国资委，除福建以产业集团为主外，其他均需要推进两类公司的设立。超过 54% 的省级国资委倾向于进一步分别明确投资和运营公司的功能定位，优化“国资委—投资公司 + 运营公司—产业集团”的三级构架。8 个省级国资委预期投资、运营公司与投资运营公司同时存在，广西认为无需单设投资公司，江西、浙江、山东倾向于将相关职能合并于投资运营公司，山西全部将职能集中于山西国资运营公司。广东和上海率先考虑在金融控股及金融服务、产权交易方面单设平台，浙江力争推动产业集团整体向竞争类转型发展，辽宁计划单列股权多元化企业。

从各地的改革实践来看，只成立一家国有资本投资、运营公司显然不足以完成赋予的使命，但也不宜按行业组建或改组十到二十多家国有资本投资、运营公司。因此，改组或组建国有资本投资运营公司应依据“少而精”“大而实”两大原则。建议只有使少量的两类公司充分发挥出资人赋予

的特定功能，两类公司才能切实发挥重整中国产业集中度、调度和处置大量低效或无效资本的作用。未来根据两类公司试点情况进行试点企业动态调整，整体比例不宜过多，不超过国资委监管企业的40%为宜。对于地市级两类公司试点，建议采取投资运营一体化模式。

二是形成两类公司试点标准，并进行定期评估，建立试点名单动态调整机制。根据调查问卷分析、案例分析及国外对标比较，需要从试点基础、运作能力、资本实力、操作平台、治理管控五大方面，进一步明确改革试点的条件。针对国有资本投资、运营公司改革试点进展评价，建议从试模式、试体制、试机制、强党建这四个维度出发，细分成12项二级指标、38项三级指标、91项四级指标等评价指标，依据指标设置明确每项指标的评分标准，从而形成整体评价指标体系。

表6-4　两类公司试点条件建议

条件 维度	纳入投资、运营公司试点条件建议
有基础	资产规模排名在区域国企中居于前20%以上（央企试点在资产规模1000亿以上，省一级企业资产规模100亿以上）； 产业门类多，参控股企业数量多。
有能力	股权投资与资产管理经验丰富； 工作基础扎实，风险防控能力强。
有资本	资金管理与融资能力强，主体信用评级AA以上； 资产负债率＜70%，设立财务公司者优先。
有平台	产业操作平台：产业方向明确，产业链布局良好； 资本运作平台：旗下拥有1家及以上上市公司； 基金投资平台：具有3支以上国资投资基金。
可授权	法人治理结构健全，规范董事会建设达标； 内控管控成熟，运作规范，具备行权能力。

三是探索形成符合国资管理、金融监管、法人治理等要求的金融控股管理体制，依托法人治理机制有效履行大股东权责。更有效发挥试点企业在管理国有金融资本股权、经营性国有资产和辅业资产改革中的作用，丰富完善金融工具手段，尽快提升面向央地的综合金融服务能力。建设金控管理信息系统，加强对金融资本的运行监测，实现国有金融资本运营的市场化、专业化。

四是加大对国有资本投资、运营公司改革试点的扶持力度。适当放宽国有资本收益收缴比例，完善收益收缴制度，对以前年度追溯调整的损益无论是调增利润还是调减利润均应作为当年收益收缴基数的调整因素。加大对企业改制、去“僵尸企业”、去小散弱企业的兼并重组、实施上市涉及的资产评估增值、债务重组收益、土地房屋权属转移等税费方面的扶持力度，切实降低企业改革成本。

表 6-5　各省级国资委对出资企业类型及组合的意向情况

意向出资企业类型及组合	涉及的国资委所在地域
产业集团	福建
投资运营公司 + 产业集团	江西、浙江宁波、山东青岛
运营公司 + 产业集团	山西
运营公司 + 投资运营公司 + 产业集团	广西
投资公司 + 运营公司 + 产业集团	河北、北京、天津、吉林、安徽、山东、河南、湖南、海南、重庆、四川、西藏、甘肃、青海、宁夏、新疆、新疆生产建设兵团、辽宁大连、福建厦门、广东深圳
投资公司 + 运营公司 + 竞争类公司	浙江
投资公司 + 运营公司 + 产业集团 + 其他（主要包括金控 + 产权交易等平台类公司）	广东
投资公司 + 运营公司 + 产业集团 + 股权多元化企业	辽宁

（续表）

意向出资企业类型及组合	涉及的国资委所在地域
投资公司＋运营公司＋投资运营公司＋产业集团	内蒙古、江苏、湖北、贵州、云南、黑龙江、陕西
投资公司＋运营公司＋投资运营公司＋产业集团＋金融服务类企业	上海

（二）提高试点企业的经营规模和竞争实力

一是推进优势企业、资产、股权向试点企业集中，以进一步优化资源配置、突出市场地位。两类公司肩负着优化国有资本布局，提升国有资本运营效益的职责，改组或新设的不同阶段获得更多政府的资源倾斜，助力提高核心竞争力。从资源整合上重构，加大对国有资本投资运营公司试点企业的支持，推进优质资源聚集发展，推进战略性重组和强强联合，尽快做大企业规模，提高市场话语权，集中力量办大事。同时支持依法依规申请金融牌照，更好地服务实体经济。二是探索建立对试点的长效资本补充机制。通过国有资本经营预算拨付、国有资产注入等多种方式，增加试点企业注册资本，特别是加大资本金的现金投入，尽可能无偿划入优质竞争类国有股权，提高资金实力和国有资本运作能力，增强企业自身造血能力。

（三）进一步完善和明确试点企业功能定位

明确区分两类公司与产业集团等其他监管企业的功能定位，提升国有资本投资、运作、管理和价值创造能力，积极参与国有资产优化重组，承接更多的国资运营任务。

一是加快试点企业对历史遗留问题处理、低效无效资产退出、淘汰落后过剩产能、“僵尸企业”处置等工作的推进。对脱钩改制、企业注销、税务清算、债权债务处置、土地处置、未完工项目履约、冗员安置、社会职能剥离等方面有机结合、通盘考虑，同时在历史遗留问题、存量债务及投资风险项目处置等方面给予更多政策和资金支持，创造条件支持试点企业和下属子公司实现轻装上阵。

二是加快试点企业投融资平台能力建设，在国有资本布局调整、供给侧结构性改革、央企和地方企业并购重组中，切实发挥两类公司专业化平台作用。以私募基金为载体，深化投融资平台建设，全面对接资本市场，推进优质资产上市。在战略性并购重组、战略性新兴产业培育投资项目中以适当方式提供资金支持，在区域国有资本布局及产业链调整方面予以倾斜，引导同质化业务、非主业资产实施专业化整合重组，实现有序协同，避免无序竞争。在符合主业监管要求和上市规则的前提下，对上市公司境外投资融资事项予以大力支持，抓住国际资本市场机遇，提高资本运作效率，充分发挥国有资本投资放大功能[1]。

三是进一步明确国有资本投资运营公司是国有股权持股主体的功能定位。通过股权注入、进退流转、整合重组、价值管理、收益投资等运作模式，丰富放大股权持有、股权管理、股权投资等投资运营功能。对于目前由财政、教育、科技等部门持有的国有股权，应本着有利于市场化发展、有利于内部规范管理的理念，划入国有资本投资运营公司集中管理。适时建立国有上市公司市值管理平台，将上市公司部分股权划入国有资本运营公司，提升国有资本价值，夯实股权运作基础。上市公司股权划转要兼顾体量和流动性，5% 以下持股比例更便于二级市场运作。四是统筹试点企业产业、资本、管理等突出优势，在产业转型升级和创新中承担更多任务。支持试点企业牵头组建国家级技术创新中心、设立产业基础科学研究基金等，重点支持重大关键领域基础性、共性问题研究，集成行业上下游产业链、供应链，加速突破卡脖子关键技术问题。试点企业应充分发挥资本运营优势，利用资本运作工具，融合互联网新兴业态创新商业模式，培育科技型、创新型企业，发挥资本规模效应，带动区域产业发展，加大对科研投入的支持，科研投入 100% 视同利润加回。

[1] 贾妍妍、范玉雯：《国有创业投资机构及体系发展路径研究》，《统计与管理》2019 年第 3 期。

二、构建全面性、系统性、科学性授权体系

（一）进一步明晰权责边界，回归自主经营

按照以管资本为主加快监管职能转变的总体要求，突出服务国有企业发展主线，实施国有资本授权经营体制改革，更加强化有效监管、科学监管，管少、管准、管精。

一是形成政府行政发令——国资委统筹安排——两类公司及下属企业行权的市场化实施传导机制，以资本为纽带，建立权责利相统一的授权链条和授权监管闭环体系。将行政化的政策优化为市场化的行为进行实施，更符合社会主义市场经济体制。以构建包含出资人三项基本权力在内的完整授权体系为目标，明确和理顺授权经营关系，真正落实“三个归位”的要求。

二是按照“一企一策”原则，加大对国有资本投资运营公司授权的范围。尽快明确国有资本投资、运营公司改革试点验收标准。对符合试点验收条件的国有资本投资、运营公司，进一步在授权方式、授权事项上加大改革力度。授权的内容不仅包括落实企业董事会权力，还包含部分出资人即股东权力，如战略规划的决定权等。

三是深化间接授权、探索直接授权。直接授权有助于减少管理层级和行政干预，提升运营效率，有助于在政府的统筹指导下，发挥市场化主体作用，推进国资国企改革落地实施，推动国有资本布局结构调整。目前，直接授权模式在全国还没有成熟经验，建议加快探索直接授权模式，减少委托代理环节，有效发挥两类公司市场化专业运作主体作用。

（二）将授权放权事项落到实处并动态调整

一是进一步加强国有资本投资、运营公司董事会建设。尽快完善集团本部“三会一层”体制，建立外部董事机制，拓宽外部董事来源范围，把更多国际化人才纳入外部董事队伍，支撑真正将董事会职权落实到位。

二是加大授放权力度，清晰操作流程。建议结合企业在前期国有资本投

资公司改革试点及“双百行动”综合改革试点中积累的经验和取得的成效，在主业管理，经理层选聘、考核及薪酬管理，上市公司股权激励计划和中长期激励计划，本部提供超股比的借款和担保年度情况事后备案等事项上进行动态优化调整授权，进一步加大授权放权力度。适时在操作层面出台更多的制度、指导性意见及细则，细化授权放权的流程，专门指导授权放权事项的落地落细，并加快促进同步向内部授权。政府各职能部门，应该认可两类公司的决策权限，通过各级政府下发文件的方式，彻底解决政府直接授权与间接授权的“待遇差”问题。建议进一步实质性授权，充分发挥外部董事作用，授权给董事会的事项不必再向国资委报告或备案。

三是分类丰富授权清单，根据企业的发展及管理情况动态进行增减调整。国资委应逐步退出企业经营层面事项的管理，并根据企业实际的承接能力，进一步在投融资事项、产权管理事项上逐步放权，同时着重在国有企业干部管理体制、收益分配和再投资机制方面寻求改革突破，切实落实“一企一策”，在日常生产经营、提质增效、管理提升等层面，有侧重、分先后地向符合条件的企业赋予更多自主权，加强股权管理、资本收益管理，减少对经营事项的监管。

建议重点研究并授权的事项包括：明确两类公司的产业和企业整合重组权利，减少行政直接干预企业的行为；调整对国有资本投资公司的主业管理方式，最大限度地发挥企业的经营自主权，增大自主投资的灵活性，给改革期间的资源配置给予更大灵活空间，适度允许国有资本投资公司在聚焦主业的同时适度加大多元化投资；加大融资等事项授权力度，发挥企业自主决策，从而为企业的发展提供充足的资金保障，目前发债等直接融资是融资的主要方式，建议国资委淡化或取消对国有资本运营公司直接融资不高于债务融资 50% 的评价标准，并将集团总部发债审批权限授权集团董事会；资产无偿划转及进行股权重组是资本运营公司的职能业务，建议取消国有资本运营公司按照国资委批复进行的相关划转项目的税收优惠期限条件（12 个月）；国有企业间非公开协议转让的资产交易行为（含股权转让、子企业增资、固定资产转让）事项实行事后备案管理；明确的两类公司之间的产权交易事项授权范围，拓展适用于运营公司与其他央企之间，以更好实现项目顺利退出；在主业认定、工资管理等方面加大授权力度；在投融资决策、项目跟投、股权激励、考核分配及其他经营管理方面给予针对性授权；将推进实业企业混改的决定权交给试点企业，宜参则参、宜控则控，重点推进企业重组上市，为完善公司治理、实施员工持股等中长期激励、推动体制机制转变、调整国有资本布局等改革创造更好条件。

（三）针对分类分层探索细化调整集团管控

伴随改革逐渐步入深水区，突出质量效益与推动转型升级相结合。对不同功能定位、不同行业领域、不同发展阶段的企业实行差异化管理。一是建议国资委在对国有资本投资公司、国有资本运营公司、产业集团的管控模式上有所区别。增强集团总部战略引领，资本运作、风险管控、审计监督方面的职能，将金融类资本与实体资本分类管理，阻断风险传递。二是将混合所有制企业作为特殊类型企业进行管理，研究、明确混合所有制企业在不同股权比例下的监管边界和差异化的管理机制模式。淡化国有企业特别是混合所有制企业的所有制色彩，探索有别于“国有独资”“国有控股”的监管机制，实现国资国企改革中的机制突破。三是试点企业应根据持股企业的公司治理水平推进管理模式改革。对于股权结构合理、公司治理完善的出资企业，尽可能消除股东权责之外的管理事项，让企业成为独立的市场主体。对于目前股权结构和公司治理还不太完善的下属企业，应推进其改革，并配合改革进程，逐步授权放权。

三、提高市场化经营机制改革力度和范围

（一）强化完善市场化选人用人和薪酬机制

探索取消国有企业的行政级别，为改革推进营造更好的氛围。一是进一步推行落实职业经理人制度。分类分步推行职业经理人制度，成熟一个、推进一

个，不搞一刀切。自上而下建立职业经理人体系与国企体系的转换通道，充分重视现有经营管理者与职业经理人的身份转换，从内部发掘培养有能力的经营管理者，同时保证职业经理人拥有顺畅的晋升提拔通道。让人才队伍充分流动起来，实现可进可出，可上可下，激励团队充满干劲和斗志。落实投资、运营公司董事会对经理层的选聘、考核评价和薪酬分配的权利，制定契约化管理经理层薪酬指导意见，着力破解经营管理层契约化薪酬管理中存在的问题。二是构建国有企业管理者分类分层、多轨制的薪酬体系。明确对试点企业经理层薪酬机制，全面推动市场化运作，探索从领导者薪酬层面试点改革，使其承担的责任与其收入相匹配，进一步激励破旧立新，大胆探索，事半功倍。

（二）差异化考核，充分发挥“指挥棒”作用

加强对投资、运营公司的分类考核，逐步完善符合企业功能定位实际的分类考核制度，形成与企业负责人分类管理和选任方式相适应、与业绩考核结果相挂钩的差异化奖惩体系，进一步增强业绩考核的科学性、针对性和引领作用，进一步压实国有资本保值增值责任。一是突出重大战略目标和中长期考核，引导试点企业更加追求和提高资本的长期回报水平。在对国有资本投资、运营公司的考核周期上，做到长短结合，探索实施3—5年的中长期考核。重点考核试点企业在服务国家战略、优化国有资本布局、提升国有资本控制力影响力等方面发挥的作用。根据投资周期及经营模式不同，建议在国资考核体系中，区分传统产业企业和资本投资运营公司考核指标，改变对试点企业的考核导向，转变考核模式，结果导向推动企业市场化转型，如加强EVA率和资本回报率指标。在以国资保值增值为核心的考核体系基础上，兼顾企业在上缴利税、保障就业、保证社会经济稳定和引导社会经济发展中承担的责任，进一步完善考核体系。

二是形成导向清晰、远近结合的业绩考核体系。年度以评价为主，对改革工作跟踪评级，并与薪酬激励和递延挂钩。对于解决关键技术、推动技术转型升级及产业商业模式创新等新型投资，采取灵活的项目评价和考核方式，不再按照商业投资项目进行评价和考核，可将推动相关创新工作的评价结果纳入年度业绩考核的加分项。大力推进现代企业制度建设，并对董事会建设纳入年度绩效考核。在工资总额上适当松绑，探索逐步放开对工资总额的限制，将其纳入考核指标中的创利能力进行统筹考虑。

（三）改革激励体制，落实容错和纠错机制

提高激励尺度，明确追责和容错标准，实现张弛有度。一是建议进一步细化对不同行业和企业的员工持股分类细则。对于符合主业发展和充分竞争类型的企业，可考虑适当放宽员工持股比例及个人持股上限的限制。对于非主业且经营效益不好的企业，可通过放宽员工持股、引入战略投资者等方式实现改制退出。二是在金融业务板块先行先试，推进建立市场化激励约束机制，在进一步深化国资国企改革中，综合考虑试点企业及所属公司金融、类金融企业的特性，在市场化的激励与约束机制创新方面给予适度的支持，鼓励探索实施市场化薪酬、管理团队持股以及跟投机制，有效引留高端金融人才。三是建立完善纠错容错机制。市场化运作和改革必然伴随失败的风险，上级主管单位应建立必要的容错机制，对企业管理者区分过错责任与无过错责任，促使企业领导者敢于去创新，敢于去突破。

四、进一步配套细化相关政策和改革方案

国有资本运营公司是以管资本为主加强国资监管的重要抓手和平台，要做强做优做大，离不开政策支持。建议出台配套政策指引和配套保障措施，进一步完善改革操作细则。

一是加大对两类公司的税收政策优惠。在国有资本投资公司改革过程中，为优化国有资本布局而进行的内部企业重组整合事项，对其所产生的企业所得税、印花税等相关税费进行减免。对划转国有资本投资运营公司的企业股权、资产所涉税费给予优惠或减免，对划转企业的关联交易认定或限制予以豁免。

二是制定相关支持国有资本投资运营公司发展的保障措施。对试点企业应出台相应的倾斜政策，鼓励企业大胆改革。如产业引导资金的融资、产业重组整合退出、新旧动能转换、混合所有制改革、股改上市等方面的优惠政策。建议国资委支持企业集团将“科改示范行动”改革政策推广应用于具备条件的所属其他科技型企业，或建立动态调整机制，增加具备条件的企业纳入“科改示范行动”名单。此外，综合考虑试点企业及所属企业的金融特性，在市场化的激励与约束机制创新方面给予公司适度的政策支持。

三是提出混合所有制企业公司治理的有关原则性指引，包括落实党的全面领导的路径方式、党的领导与公司治理融合、规范化指导市场化机制、领导人员管理等，同时明确对股权多元化企业委派股权董事的制度及向下授权放权的标准。

五、加强宣贯指导与试点企业的经验交流

一是对试点工作加强具体指导，定期组织关键人员进行线上线下学习培训。上级主管部门加强对国有资本投资、运营公司的检查指导和督促落实，明确标准和实施路径，同时更多组织开展国有资本投资运营公司试点系统培训会议，邀请国内外有关专家，对相关政策进行深入解读，针对国有资本投资运营公司治理能力现代化、授权体系、运行模式、市场化经营机制改革、混合所有制改革、提升融资能力等内容开展专题培训。借助一流管理咨询公司开展战略管控、财务、人力资源、信息化等专业咨询。

二是加大全国国有资本投资、运营公司之间的经验分享与交流，注重成效总结与借鉴，打造学习型两类公司生态圈。国资委牵头组织国有企业到先进企业对标交流，或通过组织专家讲座和经验分享会等方式搭建试点企业改革经验交流平台，助力企业加快改革步伐。对于工作开展良好的试点企业，可以及时形成案例进行分享学习，进一步提升试点单位的认识和理解，促进央企与地方企业两类公司的合作，提升国有资本投资公司改革和运行效率。

第七章

充分借力国资基金载体

作为资本市场多元化的产物，股权投资基金在中国已进入快速发展阶段。在“管资本”改革基调下，国资背景的产业和金融集团基于风险控制、管理优化和产业布局等多方考虑，开始涉足私募股权投资领域，各地相继组建市场化、专业化的股权投资基金，积极发挥国有资本市场化运作的平台作用。

在此背景下，为进一步深入把握国有股权基金的发展现状，总结共性经验，把握未来趋势，上海国有资本运营研究院面向国资背景投资基金，历时两个月先后调研了航天投资、诚鼎创富、上汽投资、申能诚毅、国际资管、海通开元、广州城发、江苏元禾八家具有代表性的国有背景投资基金，覆盖了北京、上海、广东、江苏等地区，围绕股权投资的“募投管退”全流程，进行了多角度对比分析。

第一节　实践经验与创新亮点

通过对中央企业及上海市、广东省、江苏省等地方国企设立股权投资基金典型案例分析，结合基金管理公司“募、投、管、退”的业务实践，总结与归纳各地案例中的创新亮点，为国有背景投资基金的下一步发展提供借鉴。

一、功能定位：围绕集团主业布局，打造功能性专业化投资平台

总结来看，国有股权投资基金通常呈现以下四大特性：

一是国资主导：由国有资本牵头主导，吸纳非公有制资本共同设立，可放大国有资本的杠杆效应；

二是混合多元：通过混合所有制提高基金股权多元性，促进各类所有制资本取长补短、共同发展；

三是市场运作：凭借基金市场化、专业化运作优势，克服原有体制机制弊端，实现对被投企业专业决策、高效管理；

四是开放共享：不断探索创新合作模式，为国有资本和社会资本深入合作拓展更大空间，共享发展红利。

调研发现，对于产业背景的投资基金而言，其投资领域相对专一，基本围绕集团或大股东的产业链上下游进行投资，更多定位为集团公司产融结合的平台和主业创新的先锋。而对于金融背景的投资基金而言，主要配合集团战略布局，做大金融投资板块业务，也更注重盈利回报。

表 7-1　国资基金的功能定位

基金名称	所属公司	成立初衷	发展历程	现有功能定位
航天投资	中国航天科技集团	承担产业孵化、资本运作、战略并购、投资融资等职能。	2008 年成立，集团全资持有通过 5 次增资扩股，形成股权多元化的法人治理结构。	投资管理主体、资本运作和战略合作的平台
上汽投资	上汽集团	以资本为纽带着眼于汽车前瞻科技，力图在汽车产业生态圈中相互补充赋予服务集团主业发展，助推产业升级的重任。	上汽集团主要业务包括整车、零部件、服务贸易、金融和国际经营 5 个板块。上汽投资成立于 2011 年，隶属金融板块。	专业投资管理平台和第三方资产管理平台
申能诚毅	申能集团	作为新型股权投资平台，通过直投及与社会资本合作设立子基金的方式，实现母子基金联动。	2010 年，申能集团发起成立上海诚毅投资，并同时联合国家发改委、财政部和地方政府资金组建诚毅新能源创投基金和成都新申创投基金。2016 年，在诚毅投资基础上，设立申能诚毅投资公司。	母基金、母基金管理公司和投资孵化平台

航天投资：作为航天科技集团公司授权的投资管理主体、资本运作和战略合作的平台，被赋予履行中国航天科技集团产业孵化、资本运作、战略并购、投资融资等职能。

从投资内容看，可以分为产业股权投资和产融结合投资两大类。其中，产业股权投资主要聚焦在航天产业，包括火箭、卫星等宇航产品及其关键分系统和零部件等；战略新兴产业，如卫星应用领域、新能源新材料领域、节能环保领域和物联网领域；装备制造业，包括航天主导技术、进口替代、行业核心关键设备等。产融结合和产业金融领域投资主要包括参与央企定向增发、IPO 等的战略性投资，目的在于实现以金融服务产业，以产业促进金融，构建资本后盾和盈利增长点，满足航天投资支撑产业发展的需求，形成协同效应。

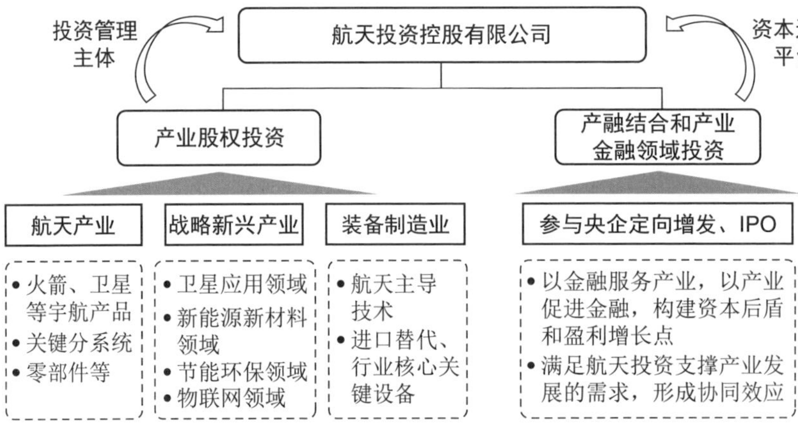

图 7-1　航天投资主要投资内容和领域

上汽投资：定位为上汽集团专业投资管理平台和第三方资产管理平台，以汽车产业链科创投资为核心能力，以资产管理业务为增长引擎，打造专业金融创新平台，助力上汽集团持续增长和转型升级。业务范围包括科创投资、私募股权投资、私募证券投资、母基金、战略投资等。

其下属尚颀资本和上汽创投重点围绕汽车产业链开展股权投资；母基金公司侧重汽车产业链以外的大健康、TMT、消费升级等领域。上汽投资围绕汽车全产业链，开展全生命周期投资，致力于增强上汽集团的资本运作能力，助力中国汽车产业上下游优质企业的发展，支持汽车产业链前瞻型项目的创新，同时关注汽车产业外的投资机会。

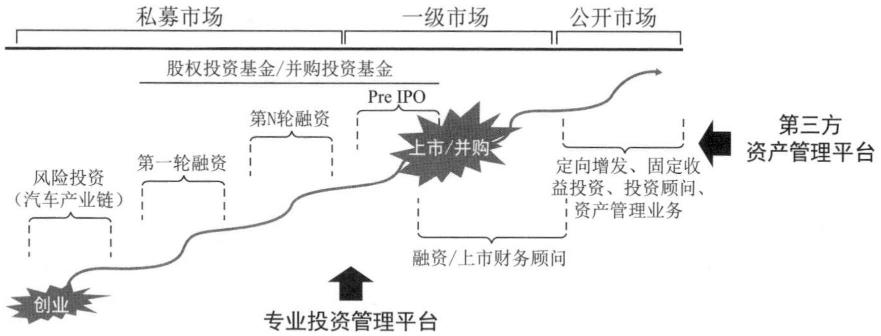

图 7-2　上汽投资围绕汽车全产业链开展全生命周期投资

申能诚毅：作为申能集团产业链延伸的创新投资平台，集母基金、母管理公司和投资培育中心三位一体的布局，服务于集团综合性能源主业实力提升，支持能源创新中心建设，力争成为集团创新投资的先锋队、产业延伸的探路者和集团创新生态圈的培育者。

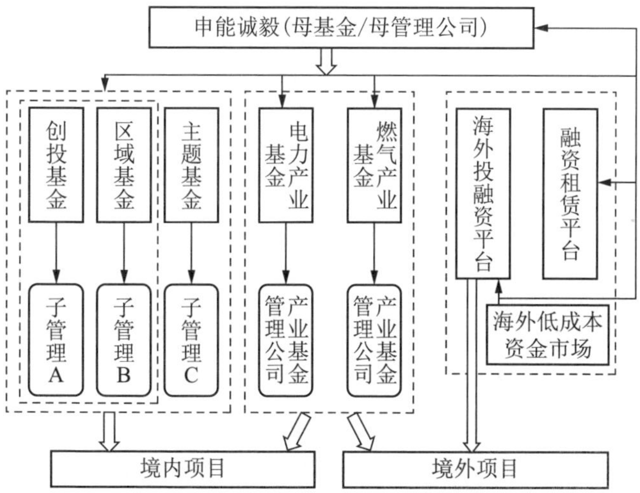

图 7-3　申能诚毅主要投资内容

申能诚毅作为投资平台，母基金主要是战略规划、风险控制、品牌输出、后勤保障，但子基金是市场化运作的主体，母子基金之间形成生态圈，既有围绕广义能源领域细分，也有不同发展阶段的区别，既有区别也有协同，基金之间彼此协作，相互借力、相互接力。如图所示左侧区域为“股权投资”职能，中间区域为“产业并购基金”职能，右侧区域则是拓展的“海外融资”功能。

二、股权结构：不同层面探索股权结构多元化，甚至混合所有制

从股权结构来看，调研的八家国资背景股权投资基金均为集团二级公司，在集团内部被视为重要业务板块。同时，积极推进股权结构多元化，部分基金在子基金层面实现团队和社会资本控股，市场化机制更加灵活。所调研的八家基金按混合程度由低到高依次排序如表所示。

表 7-2　调研的八家国资基金的股权结构情况

基金名称	控股股东	股　权　结　构
广州城发	广州基金	广州基金全资子公司，主要投资城市基础设施和重大工程，为政府性基金公司。
国际资管	国际集团	国际集团为国有资本运营平台，全资持股国际资管。国际资管对基金管理市场化，以资本运营、布局和升值为主要目标。
上汽投资	上汽集团	上汽集团全资，上汽集团总裁陈志鑫为上汽投资现任董事长。重要市场化平台，子基金之一尚颀资本股权多元化，核心团队持股 60%。
申能诚毅	申能集团	申能集团全资持股，子基金团队跟投。
海通开元	海通证券	海通证券全资子公司。
苏州元禾	国有全资公司	苏州工业园区经发公司 70%+ 国控公司 30%。子基金实行合伙人负责制。
航天投资	航天集团	中国航天科技集团公司及旗下所属企业持股比 37.88%。
诚鼎基金	城投控股	城投控股 + 团队持股（30%）+ 民营资本。

航天投资：积极引入战略投资者，实现股权结构多元化。自成立至今经历5次增资扩股，先后引入多家军工集团、知名央企和金融投资机构等战略投资者，股东资源不断丰富，服务航天产业发展的能力明显提高(见表7-3)。

表 7-3　航天投资五次增资扩股经历

时　　间	增资扩股情况
2008 年 2 月	注册资本金由 8000 万元增至 10 亿元。
2008 年 8 月	引入光大投资、中兴通讯股份、国家开发投资公司、信达资产管理公司、成达工程有限公司等 5 家企业，注册资本金增加至 21 亿元。
2009 年 12 月	引入中国节能环保集团等战略投资者，注册资本达到 41 亿元。
2011 年 7 月	引入中国进出口银行作为战略投资者，注册资本金扩大至 46.9 亿元。
2013 年 3 月	引入国新国际投资有限公司和中国人民财产保险股份有限公司为战略股东，注册资本金增加至 74.25 亿元。

元禾控股：旗下四大基金管理公司是由元禾控股与管理团队合资设立的混合所有制企业，实行合伙人负责制。在子基金 LP 层面，元禾一般占股是 25%—30%；在管理公司层面，元禾控股持股不超过 50%，主要作用是出资和募集，不干涉日常经营，各子公司设立的投资决策委员会进行管理决策。在委员会中，元禾控股总裁是委员会成员，但不一定是主席。这种管理模式既保证投资业务的市场化运作，又充分发挥元禾控股在品牌、募资、资源整合、风险控制方面的优势。

三、业务实践：“募投管退”凸显国资特色，强调稳健可持续发展

（一）募：呈现“规模大、周期长、成本低、可持续”特性

广州城发基金：善于利用不同周期资金，为其搭建不同载体。在运作模式上，先利用现有资金进行股权投资，项目完成后形成资产，通过资产运营

产生现金流，再通过错配（比如发行三年或五年债）偿还到期资金，之后通过资产证券化的方式继续补充流动资金。对于追求长期收益的险资机构，可以选择介入投资项目早期阶段，分享成长收益；而对于无法承担早中期风险的小规模投资人，可以购买资产证券化时期的基础设施产品，获得相对稳定的现金流[1]。

国方母基金：预计在未来五年内管理规模将超过500亿元。旗下设计有“平台母基金”“全市场母基金”“份额转让母基金”三大类母基金产品。其中，上海国际集团、沙钢集团、万向控股、均瑶集团作为基石投资人，其他投资人包括大型企业、银行、保险等产业或金融机构。考虑到母基金的放大效应，上海国际集团的产业基金群将覆盖至少上万家优质实体企业。

国方母基金作为上海国际集团基金群生态圈的核心枢纽，既吸引产业资本又引进金融资本。产业资本可以与基金投资企业联动，在产业链上形成协同，可以更好地帮助实体项目拓展商业网络，更快地做大做强；而金融资本通过创新产品设计和服务，也能够为实体项目提供额外的资金支持，形成良好的资金来源补充。

（二）投：强调“能看懂”“能看清”“能承受”和“能守住”

国有股权投资基金在选择投资及管理项目方面，可以用四句话做出总结：

第一句话是“能看懂”，即能看懂预投项目的股权构成、运营模式、发展前景。

第二句话是“能看清”，即能看清预投项目的真实状况，特别是财务数据和赢利能力。

第三句话是“能承受”，即能承受起对预投项目所需的投资额度与

[1] 高东旺：《创新国资基金运营模式　破解改革难题》，《国资报告》2019年第9期。

比重。

第四句话是“能守住”，即能守住资本安全，对不符合公司投资标准、投资理念及投资逻辑的项目坚决不投。

诚鼎基金：紧紧围绕上海城投产业链投资，助力集团打造成为“卓越的基础设施和公共服务整体解决方案提供商”。其70%的投资项目与城投主业产业链相关，主要在节能环保、建筑新材料、智慧城市、安防技术等领域布局和投资。选择项目的首要标准也是考量项目是否有助于城投主业、提高企业管理效率或者发掘市场化机会整合行业资源，以及能否为城市基础设施领域带来新科技运用、产业升级信息和方案。

上汽投资：关注新技术、形成新模式，助推集团“新四化”战略实现。上汽投资成立以来，始终贯彻执行上汽集团的战略部署，在上汽集团技术创新发展的战略旗帜指挥下，围绕“电动化、网联化、智能化、共享化”发展趋势，从中发掘投资机会[1]。当前，上汽投资策略主攻方向是汽车行业的新技术、新业务、新趋势，正努力谋求设立与整车厂关联度较高、正处于成长期、发展空间大的私募股权投资项目。同时，为适应新一轮国企改革形势，上汽投资也致力于寻找代表制造业未来的千里马，投资领域不断向新能源、节能减排、信息通信、网络安全、数据分析等细分行业扩展。

（三）管：注重充分授权、考核激励以及全过程风险控制

从授权管理来看，重点管方向和预算，对子公司充分授权。

在选人用人上，国资基金母管理公司层面以集团委派管理层为主，而母管理公司部门中层和二级层面则是完全采用市场化选聘。在投资管理上，国资基金普遍把握三项原则，即管方向和计划、区分一定投资额度，以及在子公司层面给予充分授权。

[1] 金琳：《上汽投资：为集团引入创新血液》，《上海国资》2020年第7期。

表 7-4　国资基金授权管理的具体做法

基金名称	选人用人	授权管理
航天投资	子公司 / 子基金层面市场化选聘专业投资人员	集团重点管控投资方向和预算 子基金投资按照年度预算自主决策
上汽投资	上汽集团董事长兼任上汽投资董事长 二级层面市场化选聘	上汽集团给予充分授权 扁平化组织架构
申能诚毅	申能集团副总担任公司申能诚毅董事长 总经理和财务总监都由集团选派	子基金分类投资授权管理
诚鼎基金	市场化招聘为主，集团内部引进为辅 实现能上能下、能进能出的选人用人机制	充分授权

航天投资：重点管控投资方向和年度预算。其在母公司层面主要管理投资方向和年度预算，每年审定子基金投资预算。凡在投资方向和年度预算内的投资，均由子基金管理公司投决会自行决定：如超出预算，则必须上报航天投资；如在投资方向之外的项目，必须上报航天投资和航天科技集团审批。

上汽投资：充分授权实现扁平化组织架构。上汽投资是上汽集团全资子公司，集团总裁陈志鑫先生为上汽投资现任董事长，董事会下设管理层执行经营管理职能，并设有投资决策委员会和专家审查委员会。董事会对公司各项投资业务有着充分的授权，为上汽投资适应股权投资市场快速的竞争节奏提供了有力的支持。整个公司管理扁平化，有着运作高效的组织架构：前台部门为投资部，中台为合规及风险管理部，后台为综合管理部和财务部。

申能诚毅：分类明确投资决策权限。区分基金管理公司不同股权比例情况下，对于基金设立的合作模式、基本条件、投资理念以及决策机制的具体要求，同时设定申能诚毅基金投资决策权限清单，分类明确从申能诚毅董事会、申能诚毅投决会到子基金投决会的三级投资决策权限。

诚鼎基金：引入市场化选人用人机制。诚鼎基金坚持为城投集团探索国企改革之路，多年来一直围绕着“国资国企改革”这一主题做投资，并以实际行动学习和积累改革经验并分享给大股东。第一，诚鼎基金是国资背景股权投资机构中最早进行市场化改革的机构，员工持股制度走在上海国资企业前列，早在 2011 年便开始探索混合所有制，并实现了核心团队持股 30% 和团队跟投。第二，在人才引进上，仅有极小部分管理团队来自城投体系，其余投资团队均是市场化招聘。第三在用人机制上，真正实现能上能下、能进能出的选人用人机制，实行末位淘汰。

从考核激励来看，强调全面考核体系，引入市场化激励机制。在绩效考核与薪酬激励上，多数国资基金建立任期制考核，并完善考核指标体系，在激励方面，引入分工、跟投等市场化激励机制。

表 7-5　国资基金绩效考核与薪酬激励的具体做法

基金名称	绩效考核	薪酬激励
航天投资	基金分阶段考核 量化指标占比重 75%	公司本级项目组成员必须参与“模拟跟投” 子基金团队强制入股跟投管理公司
申能诚毅	纳入二级公司任期制、契约化管理 年度考核 + 任期考核 + 黑点管理 考核指标区分市场化目标和功能性任务	薪酬构成：“基本年薪 + 绩效年薪 + 任期激励” + “跟投激励”
海通开元	三维度考核指标体系	跟投激励 业绩奖励分成

航天投资：分阶段考核 + 模拟跟投激励。其一，对控股基金管理公司团队的考核充分考虑基金运作的周期规律，分阶段进行量化加 KPI 考核。具体考核目标包括立项数目、投资额度、重点工作、阶段 IRR 等，在基金运作的不同阶段量化指标的侧重点及权重不同，考核结果与基金管理公司总经理的薪酬直接挂钩。

其二，在公司本级实行项目经理制。一是四个投资部门按照不同投资领域设立，每个专业方向的项目由项目经理带领项目团队负责全部运作，实行项目的选、投、管、退全生命周期管理。二是建立项目经理和项目组成员的业绩报酬与项目收益挂钩的联动机制，与项目经理制配套实行的“风险保证金”制度，用模拟跟投的方式将项目损益与项目组成员绑定，跟投 5 万元起步，最高不超过 20 万元，退出的时候按照收益领取分红，亏损则要按比例弥补亏损。

其三，在子基金层面，允许团队在管理公司持股。持股比例依基金规模设定，一般控制在 5%。为把管理团队与基金的整体收益捆绑在一起，国创基金管理团队将直接投资入股基金管理公司，承担无限连带责任。同时，管理团队不参与管理公司管理费的分配，只参与管理公司最终超额收益的分配，从而更好地起到约束团队，绑定团队和基金合伙人长期利益的作用。

申能诚毅：任期考核体系与综合薪酬激励。在绩效考核上，采用“年度考核 + 任期考核 + 黑点管理”的综合考核模式。一是年度考核，根据年度重点工人确定年度的业绩目标；其中，财务性定量目标结合年度财务预算编制工作进行分解。年度考核对应年度薪酬。二是任期考核，根据任期经营目标完成情况进行任期激励。任期届满，根据任期考核结果，原则上按 6∶2∶2 分三年兑现任期薪酬。任期考核对应任期薪酬。三是黑点管理，主要为党风廉政、安全生产、资金财务等方面的较大事故或重大事故，根据严重程度进行扣分。

在薪酬体系上，总经理薪酬水平由“基本年薪 + 绩效年薪 + 任期激励”和“跟投激励”（根据收益浮动）两部分组成。

海通开元：三维度考核指标 + 跟投、分红激励。在考核上，主要分为三大维度，即当年对投资额度的完成情况、投资项目的质量和投资回报水平。

在激励上，海通开元及下属基金管理人的做法是贯彻实施投资跟投制度和业绩奖励分成制度。海通开元及下属基金管理人的投资跟投制度要求是不挑项目，一跟到底。其业绩奖励分成制度主要体现在业绩提成模式，管理团队业绩奖励占比为6%—10%。

表7-6　国资基金风险控制的具体做法

基金名称	投决会机制	风控管理
海通开元	强调投决会地位，建立三层次投决会	形成强中台模式
诚鼎基金	大股东享有一票否决权 充分授权，避免投决会议而不决	团队跟投，风险和收益深度捆绑
申能诚毅	—	风控部门统筹 资金统筹 强制跟投

从风险控制来看，完善投资决策机制，突出风险利益平衡。

在风险控制上，多数国资基金充分发挥投资决策委员会作用，通过强制跟投，将投资机构与项目团队利益进行有效捆绑，实现员工与机构风险共担、利益共享。

海通开元：充分发挥投决会和业务中台作用。其一，重视投决会作用。在海通证券母公司、海通开元及下属基金管理人三个层面均设立投决会，强调投决会的主导地位。对于合作基金，也建立了一套完整的管控模式，其管控主要体现在两方面：一是在管理人（GP）股权层面控股；二是在管理团队层面委派己方人员担任董事、监事、高级管理人员等重要职务。

其二，形成“强中台”模式。风险控制部门对投资业务流程中各个环节的风险均进行把控，形成了坚持以管理制度为基础、以流程控制为主线的投资业务管理体系。中台主要由风险控制人员构成，包括财务及法务两条线；交叉对投资标的进行不同方面的尽职调查及进一步核查。

表 7-7　海通开元项目投资全流程风险把控

投资项目类型	投资项目全流程风险把控措施
已投资项目	投资团队每季度召开投资项目审查会，对所投资项目进行审查，及时发现项目潜在风险并做出相应处理。
已签署回购协议或正在商谈股权转让的项目	公司将加强沟通，落实后续回款。
拟通过并购方式退出的项目	公司可以在有限时间内提供大量的资金支持，并有并购团队帮企业做境内外的并购。
经营业绩未达到预期的项目	公司将继续实施项目分类管理，重点跟踪，化解潜在风险。
回购谈判未果的项目	及时采取司法手段以控制风险。

诚鼎基金：建立兼顾效率和效益的投资风险控制体系。在上海城投（集团）的国企改革过程中，诚鼎基金充当“试验田”作用，肩负持续深入的探索市场化改革职能，搭建了一套兼顾效率和效益的投资风险控制体系，为大股东开展投资业务风险控制提供借鉴，主要包括以下三个方面：一是多方共同协商决策，大股东享有一票否决权；二是团队跟投，风险和收益深度捆绑；三是充分授权，避免投决会议而不决。

申能诚毅：实现风险控制与财务统筹。在治理结构上，按照“小机构、大运作”的思路搭建架构，实现风险控制与财务统筹。机构统筹方面，在母管理公司层面整合风险控制部门和后台部门，严格控制基金投向，同时财务、法务等风险控制人员直接跟进到具体项目，负责出具项目在财务和法律方面的现状、未来预期尽职调查报告。资金统筹方面，在资金流向上，子母管理公司所有管理费用均由申能诚毅集中统筹，并按照子管理公司实际发生费用进行拨付。

（四）退：优先考虑兼并收购，实现集团内部产业链整合

目前来说，主流的私募股权投资基金退出方式有公开上市（IPO）、兼并收购、股权回购和清算破产四种。而国有背景的股权投资基金基于围绕集团主业价值链布局的功能定位，一般在退出阶段优先考虑出售给产业集团，实现集团产业链的上下游整合。

诚鼎基金将投资项目和上市公司融资渠道和产业链上下游进行整合，发挥多方优势。诚鼎基金的做法是把合适的项目推荐给上市公司，让其进行并购，一种是直接将项目卖给上市公司，诚鼎基金退出，获得现金；另一种则是将项目折成上市公司股份，获得上市公司股权后，这部分项目也相当于间接上市；第三种则是兑换成一部分现金一部分股票。通过并购的方式直接和上市公司对接，完成多种渠道退出的尝试。

第二节　问题与瓶颈

在新时期落实创新驱动战略的要求下，国有股权投资基金作为自主经营、自负盈亏的市场主体，加之投资行业运行规律与现行国有资产管理制度之间存在一定的冲突与矛盾，导致其在发展上也面临着诸多问题。归纳起来，主要有以下四个方面：

一、国资基金功能目标与投资回报难以平衡

国有股权投资基金运作的难度主要在于既要服务于集团战略，服务于出资人意志，也要让基金有一个好的收益回报，在考核方面普遍设定了门槛收益率，同时也对投资策略设定了具体限制，对筛选项目带来一定的挑战性，其功能目标实现与投资收益两者之间如何平衡，是摆在国有股权投资基金面前的第一道难题。

二、国资绩效考核与投行特性间的现实矛盾

国有资本保值增值的基本任务及随之展开的绩效考核等制度安排，与股权投资以组合投资、中长期投资的现实有矛盾。国有资本保值增值的要求必

然使得国有企业在实际投资时以“稳健”作为其投资重要的指导原则，而风险投资产业本身具有很高的风险性，如何实现高风险下的稳健投资是投资行业面临的普遍难题。同时，围绕国有资产保值增值任务展开的绩效考核制度，主要是围绕单个项目、年度性来展开，而股权投资的基本投资逻辑是以组合投资总体收益克服单个项目失利、以流动性强的资本换作流动性和可变性差的非上市公司股权为基本运作方式。

三、所投企业价值发掘和判断标准存在冲突

与传统企业相比，高新技术企业具有特殊的估值特点，主要表现在高投入、高风险、高收益的特点，发展的阶段性与决策的动态性以及无形资产的重要性，并且部分高科技企业缺乏传统估值方法所需要的数据。国有资产管理所认可的方法，主要是收益法、市场法和成本法。收益法主要基于现金流量折现的理念，适用此办法需要有稳定的现金流作为前提假设，成本法往往忽略了高新技术企业发展过程中大量的研发和人力资本等“软投入”，而由于股权投资主要是面向非公众的投资，加之国内市场信息不健全，故往往难以找到可比市场价格，因此，对高科技企业估值往往是在传统企业估值理论和方法的框架内，从而修正某些指标或模型。

四、受制于国资监管规定导致退出机制不健全

长期以来，国资股权受制于国资监管的相关规定，退出效率较低。按照国资退出的一般流程，一方面需要对所投企业进行评估，然后进入联合产权交易所挂牌转让，并在此之前将相关信息对外公告，征集潜在受让方，如果有多方受访者则需要启动竞拍程序。整个流程的时间周期较长，容易错过市场交易的时间窗口。另一方面回购条款在国有体制下落地操作也很困难，原因有二：一是因为国有体制下价格需经评估报告确定，导致回购价格无法锁定；二是进入联交所挂牌则是价高者得，无法实现点对点交易。

第三节　突破方向

通过前述论述不难发现，国有股权投资基金在社会资本撬动、资源配置优化、体制机制创新等方面的诸多优势，逐渐成为国有资本市场化投资的重要手段，但在实际运作中仍存在不少的问题和瓶颈，如何解决这些痛点、难点，切实回应出资人、投资人的关切点，则需要进一步从以下四个方面进行突破。

一、协调基金功能目标与投资收益之间关系

从设立初衷来看，大部分产业集团均以完善自身产业链布局、实现特定功能目标为目的，所以会对基金的投资领域和地域做出约束性规定。但如果这种约束性规定太强，给基金的投资限定过多，就会对社会资本的逐利形成影响。因此，建议可以参考上汽投资的分级分层设置方式，区分功能性和市场化业务，并按照实际需求分别匹配运作团队和激励考核方式。

二、始终坚持市场化、专业化基金运作取向

从发挥市场主体角度来看，私募股权投资基金的专业属性要求国有投资企业作为 GP 股东和 LP 投资人，绝不能按照国有企业管理基金公司的方法进行管理，上级管理部门更不能直接插手 GP 的投资决策和日常管理。企业要通过法人治理机制履行股东权责，根据投资人协议行使投资者权利，以保证创投基金独立运营。例如，基金公司高管和核心团队作为专业人才应采用市场化方式公开选聘；参考行业水平，科学制定 GP 激励约束机制；按照市场化的绩效评价和考核方式管理投资团队等。同时，从 LP 层面要求设置团队强制跟投、递延支付等利益捆绑机制，把管理团队与 LP 投资人利益紧密绑定。

三、探索优化符合行业特性的国资监管体系

从完善国资监管角度来看，建议探索设立专属监管部门，全面负责股权投资的相关职能，简化行政审批手续，提高股权投资体系运作效率。同时，国有股权投资作为产业发展的助推器，虽然其个体具有较高的风险，但与通过投资带动的产业发展并不矛盾。宏观来看，国有股权投资的价值所在，除了考察其经济价值外，还要考察其社会价值；除了考察其风险投资中单个投资项目外，应该结合行业规律考察其投资组合的效率。

四、分步骤建立国资基金退出的“绿色通道”

从健全退出机制角度来看，建议近期可依据精简审批、提高效率的原则，对达到事前约定固定收益或回购要求的投资项目，经国资监管部门备案，国资基金在最终实施退出前，按照相应程序可以不经资产评估，直接报国资监管部门核准退出。如遇被投资企业实施股权重组，国资基金拟与其他股东联合转让被投资企业股权的，可以免予相关国有资产评估，直接报国资监管部门核准。这两种情况在国资监管部门核准后，均可以免予公开挂牌，直接协议出让[1][2]。

第四节　典型案例：元禾控股

在国有资金背景下探索市场化、专业化的道路，并在三者之间取得平衡，是国有股权投资基金目前在“管资本”实践中获得各方青睐的重要原

[1]《北京市地方金融监督管理局等关于印发〈关于推进股权投资和创业投资份额转让试点工作的指导意见〉的通知》，北京市人民政府网，http：//www.beijing.gov.cn/zhengce/zhengcefagui/202107/t20210702_2428042.html，2021 年 6 月 25 日。。

[2] 上海市国资国企改革工作推进领导小组：《市国资委监管企业私募股权投资基金监督管理暂行办法》，上海市国资委网站，https：//www.gzw.sh.gov.cn/shgzw_wsbs_ysqzzdgk/20201119/dee7ef9d4efc4772aa5cc723bd992cb2.html，2020 年 5 月 12 日。

因，但同时这种微妙平衡的达成，也是其取得成功的最大难点。2013 年元禾控股等机构以近 80 亿元人民币的资金投资了顺丰速运，创下了当年人民币股权投资市场最大的单笔交易记录，被称为顺丰背后的资本推手，官办私募（PE）最为成功的市场化探索之一而广为人知。

一、公司发展概况

苏州元禾控股股份有限公司创建于 2001 年底，前身先后是中新创投、苏州创投集团，现注册资本 30 亿元，总资产 214 亿元（截至 2017 年 9 月），管理的基金规模约 472 亿元，业务覆盖股权投资、债权融资和投融资服务三大板块。

在近 20 年成长历程中，元禾控股以“引领股权投资发展，践行科技金融创新，创造持续领先价值”为使命与愿景，协同运用资本运作、风险控制、营运配置等方法，在探索金融创新、促进科技创新、引导基金集聚、助推产业升级等方面都取得了不俗的成绩：设立了国内首家中外合作非法人制创业投资企业——英菲尼迪—中新创业投资企业，国内第一家借鉴以色列“天使投资人＋创业导师”孵化器模式的种子期投资基金——原点创投，国内规模最大的天使投资平台——中新创投，国内第一支市场化运作的股权投资母基金、国内规模最大的国家级股权投资母基金——国创母基金，以及国内唯一“千人计划”创投中心。

（一）发展沿革

2001 年，中新苏州工业园区创业投资有限公司成立，注册资本 2.5 亿元；2007 年，在中新创投已有业务框架基础上，公司更名苏州创业投资集团有限公司，注册资本金增加到 30 亿元；2012 年，公司更名为苏州元禾控股有限公司；2015 年 11 月，公司完成股份制改造。

股权结构上，元禾控股目前是百分百国有控股，苏州工业园区国有资产控股发展有限公司持 30% 元禾股份，苏州工业园区经济发展有限公司持 70%。

（二）业务架构

公司业务覆盖股权投资、债权融资和投融资服务三大板块，通过三大业务板块在资本运作、风险控制、运营管理等方面的协同发力，实现为处于不同发展阶段的企业提供全方位金融服务的目标（如图 7-4 所示）。

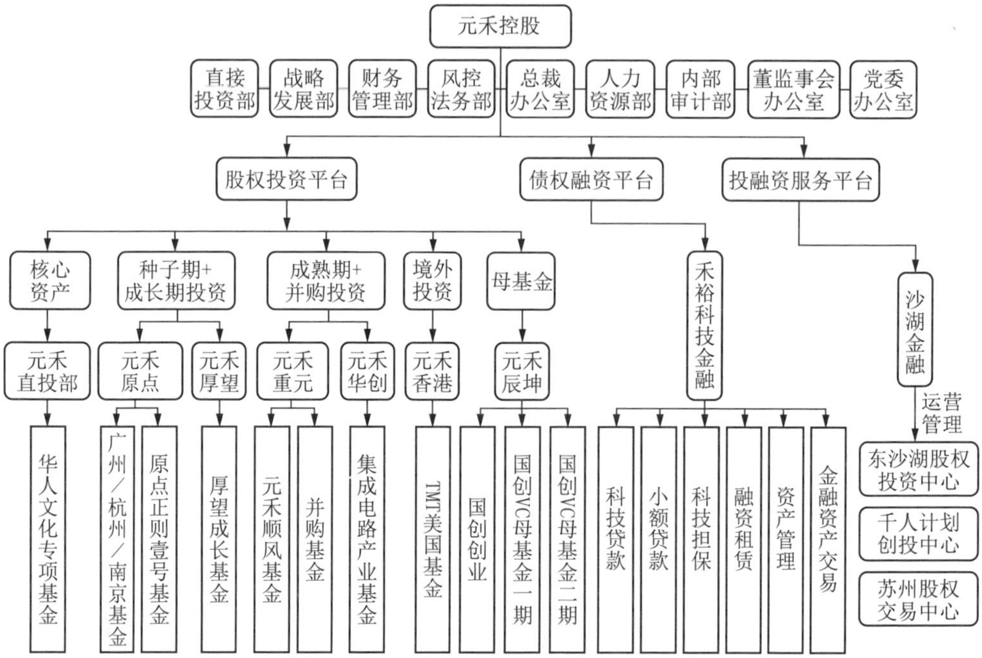

图 7-4　元禾控股业务架构

二、业务经营

（一）股权投资板块

元禾控股是一个平台公司，以这个平台为基础，促进资本、人才、项目之间的深度融合。

元禾控股自 2001 年成立起就专注于股权投资领域，旗下汇集多家管理团队专注于不同的投资阶段和领域。主要分两大块：直投部和基金管理公司。前者以元禾控股的自有资金来投资，筛选优质成长性企业或行业龙头企业进行投资，择机切入实业领域为公司长期资产增值及持续盈利能力提升提供保障和支持，重点投资于集成电路、信息技术、现代服务业、医疗健康、清洁技术、互联网等行业。目前，已经投资了晶方科技、神州信息、东吴证券、齐家网、同程旅游、蜗牛数字、赛金生物等优秀企业。2013 年，元禾控股、招商局、中信资本等机构近 80 亿元投资顺丰速运，创下当年人民币股权投资市场最大的单笔交易记录。其中，元禾控股通过联合中国人寿和中国太平洋保险共同发起设立的“元禾顺风”专项投资基金总额高达 243750 万元。此外，元禾控股的经典投资案例还包括 2015 年联合阿里巴巴、腾讯以及黎瑞刚团队，成立规模超过 100 亿元的华人文化控股集团，同时共同发起设立专项基金，总额高达 35 亿元，致力于传媒与娱乐体系化运营建设和战略布局。

基金管理分别为元禾辰坤、元禾原点、元禾厚望和元禾重元四大平台，对应的投资领域分别为 FOF、天使投资、VC 投资和 PE 投资。截至 2017 年 9 月底，直投平台及管理的基金投资项目 531 个，金额 157 亿元；通过主导管理的 VC 母基金投资子基金 66 支，子基金总规模约 382 亿元，投资企业超 830 个；通过上述股权投资平台已累计培育上市企业 59 家。

母基金投资方面，元禾控股子公司中新创投和国家开发银行在 2006 年合作共同设立中国第一支股权投资母基金——国创创投母基金，其中 VC 板块由元禾管理，主要投资专注于以早期和成长期为主的创业投资基金。2010 年元禾又与国开金融作为共同发起人，在园区设立总规模 600 亿元的两支母基金，即国创元禾母基金和国创开元母基金，分四期募集，首期规模为合计 130 亿元于 2010 年完成设立，其中国创元禾母基金规模 30 亿元人民币，国创开元母基金规模为 100 亿元。三支母基金中，元禾控股还是国创元禾和国创创投的第一大 LP。总规模超过 150 亿元的国创母基金（二期）于 2015 年 10 月在东沙湖股权投资中心成功签约，其中 VC 母基金 50 亿元，

PE 母基金 100 亿元。

为了更好地适应投资人的要求，国创元禾母基金二期主要通过分拆设立 3—5 支年份基金的方式，缩短单支基金的运作周期，提高投资者的资金周转率。每支年份基金的投资期为一年，回收期为七年，根据基金的运作情况可以申请两年展期。新基金更多关注在产业特点鲜明、有独特市场竞争力的基金上，同时还将配置一定比例的资金用于现代服务业和大消费、医疗健康、TMT、工业 4.0 等具有战略意义的项目。国创母基金二期的设立进一步提升了园区股权投资行业的集聚程度，促进园区转型升级。

元禾原点。元禾原点是元禾控股种子期投资平台，负责委托管理中新创投早期项目，募集种子期基金，投资种子期项目。管理团队自 2005 年开始从事早期投资，累计投资的早期项目 200 多个，所投资的项目在行业领域划分上，70% 属于 TMT 领域，30% 属于 HC 领域；在投资阶段划分上，67% 属于种子期，33% 属于成长早期。元禾原点在早期项目的投资，一方面促进了创新创业的发展，推动了地方经济的转型升级；另一方面也为投资人赢得了丰厚的回报，平均的投资回报 IRR 在 30% 以上。

元禾厚望。元禾厚望以成长期至前成熟期投资为主，管理团队核心人员具有“创业 + 股权投资”的双重背景，经历了三次经济周期的考验，挖掘了众多独角兽项目，管理团队坚守、深耕互联网与消费服务行业逾十年，把握互联网浪潮带来的商机，分享用户移动化红利，围绕人工智能上下游布局，并在消费升级中寻找品牌企业投资机会，挖掘细分垂直领域中成长性高的中小企业。

元禾重元。元禾重元是元禾控股专业化的并购重组业务平台和大项目运作管理平台，承担起整合投资资源和产业资源的功能，成为元禾控股投资增值最大化和增值兑现的运作平台。元禾重元根植于苏州工业园区，以“PE 投资 + 并购重组”为主营业务，通过创新的基金商业模式，引入国内优质的战略性合作伙伴，以股权投资基金的形式推进资本和实体经济的融合，从而实现战略资源的聚集，为被投资项目提供更具附加价值的增值服务，实现投资者和投资标的企业的互利共赢。元禾重元目前管理元禾顺风等六支基金，合计资金规模 55 亿元，基金投资领域包括物联网、云计算、大数据、人工智能等领域，重点聚焦人工智能 + 消费、人工智能 + 制造。成功投资齐家、同程、山石网科等行业细分龙头、其中顺丰速运、旭创科技已成为 IPO 公开上市的优秀代表。

元禾辰坤。元禾辰坤是中国第一支市场化的专业母基金管理团队，见证并深度参与了中国股权投资行业的成长历程，在业内率先建立了完整的母基金投资与管理体系，其投资理念和运作模式获得股权投资行业的广泛认可。元禾辰坤从 2006 年开始管理中国第一支创业投资母基金——国创创业投资母基金，迄今管理母基金总规模超 100 亿元人民币，并充分发挥了股权投资母基金的示范效应和对股权投资团队及资金的集聚效应，创建了中国第一个真正意义上的 GP 社区，所投基金管理团队超过 40 家，投资基金超 60 支，间接投资组合企业逾 800 家，辐射资产规模预计超过 600 亿元人民币。

（二）债权融资服务

作为公司股权投资业务的补充，债权融资业务能够满足中小企业不同层次、不同阶段的融资需求。

元禾设立了禾裕金融作为公司的债权融资平台，禾裕金融下设苏州科贷、南通科贷、淮安科贷、泰州科贷、无锡科贷、常州科贷、融创担保、融华租赁、金鸡湖小贷、银杏资管和金交中心 11 家子公司。通过禾裕金融统筹整个债权融资平台，协调贷款、担保、融资租赁、资产管理等各债权融资业务相互协作，为科技企业和小微企业提供多样化资金支持和融资解决方案，目前已经累计为 4200 家企业提供了 270 多亿元的债券融资。

科技小额贷款定位于服务科技型中小企业并提供“债权 + 期权”的投贷联动服务。贷款过程会参照创投投资决策流程，对于符合创投要求的借贷企业取得认股权或者设定可转换条件。在扶持企业期间，根据借贷企业经营情况，有选择地行使认股期权，并通过 IPO、“新三板”、并购、回购等形式，获取股权投资收益。“债权 + 期权”的模式下，公司可以自主选择通过承担债权业务风险获得股权投资收益。2010 年 10 月，公司在苏州成立第一家科技贷款公司，这也是江苏省第一家科技贷款公司，运作较为成功。其后公司在常州、无锡、南通等地设立了多家科技型小额贷款公司，为当地的科技型中小企业提供灵活的融资服务。

（三）投融资服务

重点是东沙湖股权中心的打造，主要由全资子公司沙湖金融公司来运营。截至 2017 年 9 月底，东沙湖股权投资中心已入驻股权投资管理团队 88 支，设立基金 32 支，管理基金规模超过 1200 亿元；入驻债权融资服务机构 7 家，为 4200 多家企业提供债权资金支持。2011 年，在东沙湖股权投资中心的基础上设立国家千人计划创投中心，2016 年，苏州股权交易中心顺利开业，在理顺业务模块搭建交易系统的同时不断完善公司团队、治理结构和制度建设，截至 2017 年上半年，股交中心挂牌企业累计获得超过 1 亿股权融资，初步形成了具有场外市场属性的小微企业投融资服务平台。

三、运营管理特点

（一）实行分合伙人负责制

元禾控股实行的是一个大的机构品牌下的分合伙人负责制。在元禾控股这个大品牌下，其他平台相当于是个子品牌，然后横向扩大。随着下面基金的不断增加，元禾控股整个管理资金的规模也逐步扩大了。

股权结构上，元禾控股目前是百分百国有控股，旗下的四大基金管理公司是由元禾控股与管理团队合资设立的混合所有制企业，实行合伙人负责制。在子基金 LP 层面，元禾一般占股是 25%—30%；在管理公司层面，元禾控股持股不超过 50%，主要作用是出资和募集，不干涉日常经营，各子公司设立的投资决策委员会进行管理决策。在委员会中，元禾控股总裁是委员会成员，但不一定是主席。这种管理模式既保证投资业务的市场化运作，又充分发挥元禾控股在品牌、募资、资源整合、风险控制方面的优势。

（二）开展交互式股权投资业务模式

元禾实施四大投资业务模式，包括直接投资、基金投资、母基金投资和专项基金投资，共同构成了公司股权投资平台的业务体系，拓展了公司股权投资业务的广度和深度。不同模式之间的交叉和互补，弥补了单纯以自有资金做直投业务的局限，通过杠杆效应充分撬动专业人才资源和资金资源，最大限度扩大公司股权投资的业务覆盖面并分散投资风险。

（三）打造完整的投融资服务生态圈

元禾控股在投融资服务生态圈的打造上也是步步为营，一直致力于打造完整的连接企业、资本和服务机构的生态平台。东沙湖股权投资中心通过吸引国内优秀专注为中小企业提供资金融通的各类金融企业入驻，从而达到资本聚集、人才聚集、项目聚集、服务聚集的目的。2016 年，苏州股权交易中心开业以来，元禾深入了解企业的发展需求、熟悉投资者的投资偏好，在企业挂牌服务、中介机构引入及平台建设等方面持续努力，不断构建投融资生态系统，持续完善平台的服务能力。

四、元禾的混改探索

为完善激励机制，摆脱国有体制束缚以适应市场竞争，元禾从 2011 年就开始探索整体混改。2013 年，园区党工委管委会批准元禾控股引入战略投资人，实现混合所有制改革。当时已经完成了审计、评估等工作，并完成了意向投资人的尽调、决策等工作，但由于元禾控股投资的企业众多，现有的评估方法很难对元禾控股的企业价值进行确认，于是不得不终止。2015 年 11 月 11 日，元禾控股改制为股份公司，元禾积极尝试挂牌新三板，借助资本市场做混改，但又碰到了证监会收紧股权投资类公司新三板挂牌，混改进程再一次暂缓。

五、未来发展

直投方面，元禾控股将根据产业发展动态及公司现状，积极主动实施核心资产投资策略和计划，逐步加大核心资产的配置。同时，持续跟踪项目公司经营管理，提供增值服务，以期最终获取可观的长期投资收益。

基金投资方面，元禾控股将持续在全国范围内设立区域型种子 /VC 基金，以期实现早期投资的区域化布局。聚焦科技资源较为丰富的城市进行区域布局，通过本地化的运作挖掘和培养项目。区域化布局基金将与原有基金在市场化运作方面保持一致，积极探索建立激励、约束机制，设计团队成员跟投和超额收益分配等制度。

母基金投资方面，将更多关注在产业特点鲜明、有独特市场竞争力的基金上，同时还将配置一定比例的资金用于现代服务业和大消费、医疗健康、TMT、工业 4.0 等具有战略意义的项目，助推园区转型升级。

债权业务方面，元禾将继续通过各类债权业务延伸触角，发掘更多潜在的股权投资机会，持续性推动“债权 + 期权”的投贷联动服务，为中小企业注入成长的推动力。探索对不良金融资产进行专业化管理和处置，开发信贷资产证券化模式，致力于打造区域内金融资源合理配置的专业品牌。

东沙湖股权投资中心建设方面，继续依托基金汇集的优势，通过持续性举办千人计划创业大赛、线下投融资沙龙和线上微信及视频路演等形式，搭建创业企业与投资机构的快速多样对接渠道，促进企业家与投资人的合作与交流；通过搭建股权投资行业间沟通交流的平台，实现基金及管理人聚集。以股交中心为平台构建市场体系，针对性激励不同市场主体参与市场活动，致力于搭建一个有市场公信力的股权登记、托管、挂牌和交易平台。

第八章

着力推进科技研发创新

“科技兴则民族兴，科技强则国家强。”[1] 党的十八大以来，以习近平同志为核心的党中央把科技创新放在国家发展全局的核心位置，形成了从指导思想到战略部署再到重大行动的完整体系，开启了建设世界科技强国的新征程。党的十九届四中全会首次提出“增强国有经济竞争力、创新力、控制力、影响力、抗风险能力，做强做优做大国有资本”，并强调要充分发挥举国体制优势，通过政策引导、宏观调控、金融支持等多种手段，大力推进科技创新。这些都无不显示出党和国家对国有企业作为创新主体地位的高度重视。

从国资国企的自身建设来说，增强创新能力是其在市场化竞争中做强做优做大的重要引擎，党的十八大以来，以央企为代表的国有企业认真落实创新驱动发展战略，把握世界科技革命和产业变革机遇期，不断加大自主创新、原始创新和协同创新力度，攻克了一批“卡脖子”技术，制造出一批大国重器，取得了丰硕成果。数据显示，2018 年，央企研发经费总额为 4900 亿元，相当于全国研发经费的四分之一。

从国资国企在国民经济中的地位来说，作为我国经济社会发展的中坚力量，国资国企理应在建设世界科技强国的征程中发挥示范作用，从这一层面来看，国资国企自身积极投身科创活动是一方面，另一层面则是站在更高的

[1] 习近平：《为建设世界科技强国而奋斗——在全国科技创新大会、两院院士大会、中国科协第九次全国代表大会上的讲话》，《人民日报》2016 年 6 月 1 日。

站位上，通过国有资金的运作，为科创活动搭建“双创”平台，提供资本运作服务，有效提升全产业链、全社会的科技创新水平。

习近平总书记在《求是》上刊文指出：“中央企业等国有企业要勇挑重担、敢打头阵，勇当原创技术的‘策源地’、现代产业链的‘链长’”[1]。可以说，由国有资本特别是国资背景企业发起设立的国资基金，在科创投资领域承担起了党和国家赋予国资国企组织协调各方力量攻克战略性、基础性、共性的技术问题的历史使命，以国资科创基金等形式，助力上述共性技术尤其是“卡脖子”技术攻关，助力中小微科创企业及其产品顺利穿过“科创死亡谷”等，发挥了不可替代的作用。

第一节　国资助力科创的时代背景

习近平总书记在2016年的全国科技创新大会、两院院士大会、中国科协第九次全国代表大会上指出：“科学技术从来没有像今天这样深刻影响着国家前途命运，从来没有像今天这样深刻影响着人民生活福祉。”[2] 2020年10月16日，习近平总书记在中央政治局第二十四次集体学习时再次强调：“当今世界正经历百年未有之大变局，科技创新是其中一个关键变量”[3]。建设世界科技强国的号角已经吹响，当前的中国比历史上任何时期都更加接近实现中华民族伟大复兴之目标，在上述时代背景下，在新时期特殊的历史阶段，我国科技创新面临的机遇与挑战并存，而国有资本作为服务国家科技创新的压舱石，有动力、有实力助力科技创新，尤其是在重点支持前瞻性战略新兴产业和中小微企业的创新创业中，更是发挥着不可替代的重要作用。

[1] 习近平：《把握新发展阶段，贯彻新发展理念，构建新发展格局》，《求是》2021年第9期。

[2] 习近平：《努力成为世界主要科学中心和创新高地》，《求是》2021年第6期。

[3]《习近平在中央政治局第二十四次集体学习时强调：深刻认识推进量子科技发展重大意义　加强量子科技发展战略谋划和系统布局》，《人民日报》2020年10月17日。

一、我国科技创新面临重大机遇挑战

科技创新的突破，直接带来了全球范围内的创新版图重构、经济结构重塑及国际竞争格局的剧烈变动，并为后发国家实现“弯道超车”带来重要机遇[1]。在当前国内外发展环境快速转变的新形势下，增强国际竞争力，根本要靠科技创新。当下我国科技创新迎来关键的发展时期，但挑战严峻、任务紧迫。

从经济社会发展的规律来看，科技创新已经成为时代发展的重要驱动因素。全球市值前十大公司，已经从传统的金融和能源巨头转移至高科技企业。1990 年全球市值前十大企业包括东京三菱银行、丰田汽车等，而到了 2019 年，全球市值前十大公司主要是微软、苹果、亚马逊、谷歌、阿里巴巴、腾讯等科技企业[2]。国内情况也呈现出相同的趋势，目前 A 股千亿市值的上市公司中，除了传统的金融巨头，科技类、消费类企业也几乎占据了半壁江山，其中科技创新类企业占比已经达到 28%。一批企业通过技术创新和商业模式创新，在全球激烈竞争中完成了逆袭，快速崛起。

全球新一轮科技革命和产业变革为我国科技发展水平战略性转变提供了机遇、打开了窗口。一方面，世界新一轮科技革命和产业变革蓄势待发，信息技术、人工智能、新能源、新材料以及智能制造等领域呈现群体跃进态势，5G 带来的爆炸性千亿量级信息连接等促使颠覆性创新不断涌现，催生出新经济、新产业、新业态，这将对世界及我国经济格局、产业发展产生深远影响。另一方面，经过多年积累和发展，我国科技创新水平显著提升，已成为具有重要影响力的科技大国，科学技术事业正处于历史上最好的发展时期，随着数字经济的崛起，中国有望赢得新一轮科技革命的先机。因此，我

[1] 王毅：《抓住弯道超车的历史机遇》，《人民日报》2016 年 2 月 22 日。

[2] 李杲：《从 2019 全球千强上市公司看我国企业发展情况》，《中国经贸导刊》2019 年第 17 期。

国应紧紧抓住这次难得的历史机遇，密集发力、重点突破，加快实现从追随到同行乃至领跑的角色转变，推动我国世界科技强国建设目标的实现。

创新全球化和网络化趋势日益凸显，为我国积极布局充分利用国际创新要素建设科技强国提供了重要契机。一方面，全球科技创新进入空前密集活跃的时期，人才、知识、技术、资本等创新资源全球流动的速度、范围和规模达到空前水平，国家间研发合作和科技交流日趋频繁，创新活动网络化、复杂化和互动化发展趋势越发凸出，为我国积极布局和充分利用国际创新资源建设科技强国提供了有利条件。另一方面，我国将坚持以全球视野谋划和推动科技创新，全方位加强国际科技创新交流合作，最大限度用好全球创新资源，全面提升我国在全球创新格局中的位势，提高我国在全球科技治理中的影响力。

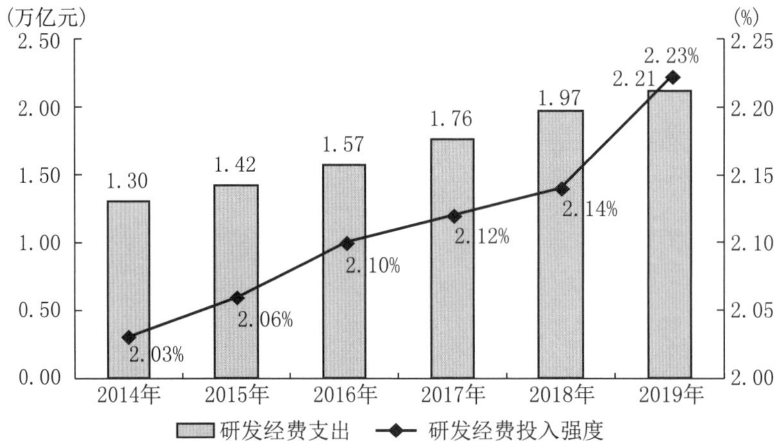

图 8-1　2014—2019 年我国研发投入经费及强度情况[1]

我国综合实力与国际影响力持续提升，为科技强国的建设提供了有力支撑[2]。总体来看，面对全球贸易和投资持续乏力、世界经济增长疲软，我

[1] 中华人民共和国国家统计局：《中国统计年鉴 2020》，中国统计出版社 2020 年版。

[2] 马茹、王宏伟：《中国建设世界科技强国的 SWOT 分析》，《技术与创新管理》2019 年第 4 期。

国经济仍保持中高速发展。从研发经费来看，研发经费投入持续快速增长，2019年达到2.21万亿元，较2006年增长6倍以上；研发经费投入强度（研发经费与GDP的比值）提升至2.19%，成为全球最具竞争力的新兴经济体之一（见图8-1）。从科研人才数量来看，截至2019年底，全国研发人员全时当量达480.1万人，已连续6年稳居世界第一位，成为全球第一科技人力资源大国，为国家科技事业发展提供了强有力的支撑。从国际影响力来看，我国提出的“一带一路”倡议等成效已经惠及世界[1]，为解决当前世界和区域经济面临的问题贡献了中国方案，我国在全球范围内的影响力不断提升，国际话语权也将进一步增加，将有利于我国更好地融入全球科技创新网络，深入参与全球科技创新治理[2]。

科创板的推出服务国家科技创新驱动战略，成为我国孵化科技创新的重要阵地并助力我国实现经济转型发展。中国证监会发布的《关于在上海证券交易所设立科创板并试点注册制的实施意见》中提出，重点支持新一代信息技术、高端装备、新材料、新能源、节能环保以及生物医药等高新技术产业和战略性新兴产业，推动互联网、大数据、云计算、人工智能和制造业深度融合，引领中高端消费，推动质量变革、效率变革、动力变革[3]。此外，我国当前传统经济增长动能逐渐放缓，经济总量和结构遇到瓶颈，突破增长瓶颈、打破中等收入陷阱需要依靠科技创新和提升国内自主消费。科创板的推出有利于促进创新创业，将加快实现硬科技企业上市发展、支持科技创新型公司高速发展，适应我国科技创新驱动战略需求，真正践行科学技术是第一生产力、创新是引领发展的第一动力，引导社会资本参与科技创新进程，真

[1] 孙惠贤：《“一带一路”：镌刻中国印记——“一带一路”风采惠及世界》，《科学之友》2017年第6期。

[2] 冯丽妃、辛雨、杨梓俟：《以开放姿态融入全球创新网络》，《中国科学报》2021年3月12日。

[3] 国泰君安证券：《科创板如何服务国家创新驱动战略》，《上海证券报》2019年6月11日。

正实现通过资本市场调节社会资源改变经济结构，支持高新技术发展，助推我国产业经济升级转型。

与此同时，全球新一轮科技革命和产业变革加剧国际科技力量竞争，中国科技事业发展面临发达国家与新兴经济体的“上下夹击”[1]。一方面，面对新一轮科技革命，欧美等发达国家积极抢占技术制高点，维持自身在全球创新格局中的主导地位，我国若不主动追求发展，未来新兴产业的发展将面临更大的挑战。另一方面，其他许多新兴经济体实现了创新崛起，成为全球创新网络中的创新活跃地区，对我国形成了赶超之势。

一些西方国家发起贸易战阻碍我国科技进步与发展以巩固其科技优势地位。一方面，一些西方国家对我国核心产业重要技术源头进行了封锁，影响了关键领域的科技创新发展。另一方面，我国企业海外并购屡屡受挫，国际科研合作阻力重重，国际交流与人才流动等其他形式的抑制也频频发生，导致我国继续引进和利用国外先进技术的机会空间不断缩小，技术借鉴的难度逐步增大，因此我国必须依靠自身力量实现未来科技事业的跃升。

我国尚有诸多与全球科技发展形势不相适应的地方，与科技强国目标之间存在较大差距。一是从更长期的视角来看，国际竞争的核心在于科技领域的角力和竞赛，而中国目前在基础科学研究、关键核心技术方面与全球创新发达国家或地区之间存在较大差距。二是我国在投融资渠道、专业化服务中介等方面存在待突破的壁垒，使得吸引集聚全球创新资源及参与或主导国际科技合作的能力较为有限。三是开放创新体制机制还有待完善[2]，协同创新平台的功能作用还不够凸显，创新活力与动力有待进一步激发。

---

［1］ 马茹、王宏伟：《中国建设世界科技强国的 SWOT 分析》，《技术与创新管理》2019 年第 4 期。

［2］ 方力、任晓刚：《有的放矢：完善科技创新体制机制》，《人民日报》2020 年 2 月 6 日。

二、国有资本有责任、有动力、有实力助力科创

从新时代国有资本的功能定位来看，国有资本肩负着服务科技创新体系建设的重要使命。党的十八届三中全会发布《中共中央关于全面深化改革若干重大问题的决定》指出，国有资本投资运营要服务于国家战略目标，更多投向关系国家安全、国民经济命脉的重要行业和关键领域，其中特别提及要重点支持科技进步。十九届四中全会《中共中央关于坚持和完善中国特色社会主义制度、推进国家治理体系和治理能力现代化若干重大问题的决定》首次提出，要增强国有经济的创新力，与竞争力、控制力、影响力、抗风险能力并列为“五力”，并提出要构建社会主义市场经济条件下关键核心技术攻关新型举国体制[1]，建立以企业为主体、市场为导向、产学研深度融合技术创新体系。可以看出，国有资本在支持科技进步，在构建关键核心技术攻关新型举国体制中要发挥主力军作用，成为新时代国有资本应该承担的历史使命。

从国有资本的自身发展来看，服务科技创新是做强做优做大国有资本的重要内涵。推动产业从传统产业向战略新兴产业、现代服务业和先进制造业升级，重点要求国有资本要加快实现关键领域重大技术突破，不断提升科技创新能力和核心竞争力。各地国资委纷纷强化科技创新引领职能，设立科创集团和基金，推动建立以企业为主体、市场为导向、产学研深度融合的技术创新体系，加强国有企业与各类所有制企业、各类主体融通创新，加强知识产权保护，创新促进科技成果转化机制，不断提升产业基础能力和产业链现代化水平。

从国有资本的实力来看，国有资本庞大的体量规模可支持科技创新发

[1]　中央党校（国家行政学院）习近平新时代中国特色社会主义思想研究中心：《完善关键核心技术攻关的新型举国体制》，《光明日报》2020 年 3 月 20 日。

展。截至2019年底[1]，全国国有企业（不含金融企业）资产总额为233.9万亿元，国有资本权益总额64.9万亿元，其中，中央国有企业资产总额为87.0万亿元，国有资本权益总额17.8万亿元；地方国有企业资产总额146.9万亿元，国有资本权益总额47.1万亿元，全国国有金融企业资产总额293.2万亿元，形成国有资产20.1万亿元。庞大的国有资本可以转化为支持科技创新的长期资本、创新资本。

第二节　国资助力科创的发展现状

国有股权投资基金的国资背景使其本身具有“压舱石”和“稳定器”的作用，而随着其引入社会资本，同时产生了杠杆效应的“放大器”作用，以及市场“风向标”作用。通过平台搭建、资本运作国有股权投资基金助力科技创新在已取得了显著的成效，由投资引导基金、产业发展基金和企业创新基金三个层次组成的创新发展基金体系，服务科创的工具升级、能级提升。但同时，我们仍应该看到，国有股权投资基金在助力科创方面仍然存在问题和瓶颈。面向“十四五”，国资国企深化改革的主线，就是要通过加大对科技创新源头的投资和投入，实现国有资本的高质量发展，在此过程中突破上述瓶颈，着力构建国资服务创新的生态圈，更好服务实体经济发展，推动国有资本实现资本形态升级、产业结构升级、功能作用升级和体制机制升级，对于我国科技创新的引领和发展意义重大。

一、国资助力科创成效初显

国资助力的科创成果应用方面，一大批具有前瞻性、突破性的科技创新

[1]《国务院关于2019年度国有资产管理情况的综合报告》，中国人大网，http: //www.npc.gov.cn/npc/c30834/202010/8459210b544e4b9dba931e5b4682e9fa.shtml，2020年10月15日。

成果引领了产业转型和优化升级。如港珠澳大桥、“蓝鲸 1 号”深海钻井平台、北斗系统等运用了一大批重大创新成果，同时在页岩油气资源开发、可燃冰开采、天地一体化信息网络等方面的前瞻性开发布局，新一代核反应堆、新型运载火箭、大型运输机等成果，都有效带动了相关产业向产业链的高端的转移。

平台搭建方面，一大批“双创”平台促进创新创业发展。截至 2018 年底，中央企业已经搭建了各类“双创”平台 500 多个[1]，比较突出的是工业互联网，包括航天云网、中航爱创客、欧冶云商、熠星大赛为代表的一大批成果，有效汇集了社会创新资源，带动了社会的创新，真正起到了大中小企业融通发展，总体带动了社会就业超过 600 万人，汇集社会创新资源、人才资源以及基金，共同为“双创”平台，为社会“双创”，中央企业起到了带动的作用。

科技储备方面，在科技研发人才、科技成果质量、重点攻关大国重器等方面，国有资本已经成为建设创新型国家中坚力量。2018 年，中央企业研究与试验发展（R&D）经费支出近 5000 亿元，同比增长 13.4%，超过全国研发经费的四分之一；拥有国家级研发平台 669 个，累计有效专利近 66 万项；获得国家科技奖励 98 项，占全部奖项的 40.8%；拥有科技活动人员 158 万人，两院院士 227 名，其中央企拥有工程院院士 183 人，占全国的 21.2%[2]。

资本运作方面，国有资本借助运营平台作用推动科技创新闭环发展。在国有资本运作过程中，作为聚集国有资本、提高配置效率的平台，投资运营公司、产业集团、国资基金和国有控股上市公司已在科技创新领域，发挥各

[1] 任海平：《中央企业——科技创新的主力军》，光明网，https: //topics.gmw.cn/2017-11/30/content_27965076.htm，2017 年 12 月 12 日。

[2] 国资委研究中心：《中央企业高质量发展报告：中央企业高质量发展迈出坚实步伐》，《国有资产管理》2020 年第 1 期。

自的优势，把国有资本、社会资本、机构资本，通过基金和上市公司放大，最终推动体制机制创新[1]。一方面由投资运营公司和产业集团通过国资基金引导或带动大量社会资本参与到科技企业的投资孵化；另一方面，国有上市控股公司并购或助推科技型企业成功上市，实现国有资产证券化，最终形成国有资本助力逐步完善科技创新“闭环”。

二、国资助力科创工具升级

国资助力科创已经形成了由投资引导基金、产业发展基金和企业创新基金三个层级组成的创新发展基金体系[2]。

第一个层级是投资引导基金，是由国资委批复设立的母基金，主要投资参股产业发展基金，择优投资企业创新基金，包括国协投资引导基金、国同投资引导基金、国开投资引导基金、国创投资引导基金，分别由航天科技、中国国新、招商局、国家开发银行牵头设立。

第二个层级是产业发展基金，是在行业层面由国有企业共同设立，着重突破产业科技短板问题，促进协同创新。如由航天科技联合中核工业、中船重工、中船工业、兵器工业、国机集团等军工央企，以及中国人保、兴业银行、广东粤财和中信证券等金融机构共同发起设立的国华军民融合产业发展基金，基金总规模 1000 亿元，首期规模 352 亿元。

第三个层级是企业创新基金，是由单个国企主导设立或参与设立，着重突破企业内部重大科技创新问题。来自国资委的数据显示，截至 2018 年底，已有 54 家中央企业开展了股权投资基金相关工作，牵头发起和参与的基金数量达到 206 支，募集资金规模超过 6000 亿元。

[1] 陈赟：《国有资本投资运营公司“十四五”要着力提升“四大能力”》，《经济参考报》2021 年 2 月 22 日。

[2] 王希、白国龙：《突出国有资本运营：三层次央企创新发展基金系加速形成》，中国政府网，http: //www.gov.cn/xinwen/2017-05/24/content_5196474.htm。

表 8-1　近年设立的国家级股权投资基金

基　金　名　称	设立时间	目标规模（亿元）
国家集成电路产业投资基金	2014 年	1387.2
国家科技成果转化引导基金	2014 年	173
国家新兴产业创投投资引导基金	2015 年	400
国家中小企业发展基金	2015 年	600
中国保险投资基金	2015 年	1000
国家先进制造产业投资基金	2016 年	200
中国国有企业结构调整基金	2016 年	3500
中国国有资本风险投资基金	2016 年	2000
中央企业贫困地区产业投资基金	2016 年	1000
国协、国同、国创、国新四支引导基金	2016 年	5000
中国互联网投资基金	2017 年	1000

截至 2020 年 9 月，科创板已发行的 165 家科创板企业中，国有创投机构、产业投资基金和政府引导基金出现在 110 家企业十大股东名单中，占比近七成。其中国资控股并作为科创板已发行企业第一大股东的有 20 多家，主要通过央企基金、国资母基金、国资系直投基金、券商系直投机构等。由此可见，国有资本在支持科技创新体系中发挥了“压舱石”作用。

三、国资助力科创瓶颈犹存

在科技投资方面，受到国有资产管理体制的影响，国资助力科创想要有所突破，仍然面对“缺人才、缺经验、缺效率、缺容错”等瓶颈。

一是国有企业在市场化人才的选聘和薪酬激励方面较为薄弱，缺乏专业化科技投资人才。科技领域的投资对行业选择、投资阶段、投资规模、投资周期与投资收益分析的专业化要求很高，而国有企业受限于薪酬水平和激励模式，难以给高端市场化人才提供与市场对标的薪酬，缺乏能够胜任科技领域投资任务的专业人才[1]。

二是国有企业对于科技行业的内在价值发掘与判断标准缺乏经验。与传统行业相比，科技创新行业逻辑、资本收益、发展阶段、无形资产重要性、估值逻辑分类等方面都有着独特的需求。国有资产管理大多采用收益法、成本法或市场法，对于“应用”的需求远远大于“研发”的激励，给国有资本遴选到有益的初创标的带来了难度。

三是现行国有资产管理制度的审批环节多，国有企业对科技行业创业的投资意愿受影响。现行国有资产管理制度要求国有创投企业在进行决策后进行详细的财务审计、资产评估，并上报国资监管部门核准或备案，并且在办理工商登记后需要涉及国有产权登记等工商事宜。同时，国有资本在股权变动或投资退出时也需要落实审批，导致国有创投往往难以在第一时间捕获投资机会。

四是对科技企业的引导培育具有较长的投资周期和较高的投资风险，国有企业缺乏对应的容错机制。一方面，科技投资要想取得实质性的突破，需要鼓励企业大胆地实践与探索。另一方面，科技投资的高风险性又来自技术、市场、政策和决策等方方面面。现有国有企业绩效考核，尽管也注重对科技投资的激励，但激励政策大多用于已经取得或将要取得成功的科技投资企业，对于创新失败的企业关注度不足，缺少科学的容错机制。

第三节　国资助力科创代表案例

国资助力科创的实践，在近20年前就已经开展，早在2004年，上海

[1] 贾妍妍、范玉雯：《国有创业投资机构及体系发展路径研究》，《统计与管理》2019年第3期。

科创投集团前身上海创投就投入 4000 万，在国内互联网泡沫破裂后集成电路产业的“寒冬”中，给刚刚成立的中微半导体设备（上海）股份有限公司雪中送炭式的“第一桶金”，之后持续 9 次投入，时至今日总投入 10 亿，最终助力中微发展为全球五大刻蚀机之一，成为上海集成电路产业发展的有力支撑。可以说国有资本在科创企业的培育发展壮大中，发挥了重要的支撑作用，成为科创企业最重要的资本供给主体，这其中，上海科创投集团和上海国际集团是两个值得仔细研究的典型案例。

一、上海科创投集团：做好引导基金管理，激发科创活力

上海科技创业投资（集团）有限公司（以下简称“上海科创投集团”）是中国新兴产业引导功能平台最具代表性的主体之一。围绕三大战略发展，上海科创投集团在直投及基金管理方面有 20 年左右的经验，一是围绕上海科创中心建设战略，延伸科创基金、科创企业、科创人才，打造成为新兴产业的投融资平台；二是围绕上海打造“四大品牌”战略，培育更多的上海制造优秀企业；三是聚焦科创板战略，挖掘现有科创板企业，通过“子母基金”管理方式，大力扶持科创板基金。

（一）以多种载体投资各阶段创新创业的投资培育体系

上海科创投集团的投资培育体系共包括直接投资、母基金投资（即创投基金）、并购基金投资、产业基金投资及成果转化基金五种。一是直接投资，主要投向初创期、早中期集成电路等创业企业。二是母基金投资，主要投向集成电路等专业创投基金。三是产业基金投资，主要投向规模较大的集成电路等重点企业。四是成果转化基金投资，主要投向集成电路等细分行业标志性企业。五是并购基金投资，主要通过国内、国际并购，帮助龙头企业做大做强。

表 8-2　上海科创投集团的投资培育体系及投资案例

投资培育体系	代　表　案　例
直接投资	中微公司（科创投为其第一大股东）
	上海微电子装备公司（科创投集团为其第二大股东）
	盛美半导体（15 年来首个登陆纳斯达克的半导体装备企业）上海新傲科技（最早做外延片和 SOI 的企业，获得国家科技进步一等奖）
	展讯科技（国内领先的集成电路设计企业）
母基金投资	华登国际基金（投资了杭州矽力杰、兆易创新、大疆无人机等一大批著名企业）
	新鑫投资基金（投资了格科微、欧比特、南华虹等 9 家早期集成电路设计企业）
	橡子园基金（投资了普然通讯、Arrowping 等 14 家初创期集成电路设计企业）
	华芯基金（投资了晶晨半导体、敏芯、思瑞普等 14 个早中期集成电路设计企业）
	华登国际二期基金（投资了云天厉飞、若琪、加特兰等 26 家早中期的集成电路及智能硬件企业）
	武岳峰创投基金（投资兆易创新、敖捷科技、上海博通等 20 个集成电路领域企业）
产业基金投资	华力一期（国内完全知识产权首条全自动 12 英寸集成电路 Foundry 生产线）
	华力二期（28–20–14 纳米 12 英寸集成电路芯片生产线）
	和辉光电（新一代 OLED 显示屏生产线）
	中芯国际（国内唯一在建可量产 14 nm 工艺芯）
	积塔半导体（特色工艺生产线）
成果转化基金	拓荆科技（国内唯一能自主研发并量产集成电路薄膜大型关键设备）
	金瑞泓（国内唯一具有硅片完整产业链的企业）
	长光华芯（少数几家研发和量产高功率半导体激光器芯片的公司）
	中科飞测（半导体封装检测设备、光学三维尺度量测模块及整体设备）
	集创北方（显示专用 IC 设计）

（续表）

投资培育体系	代　表　案　例
并购基金投资	参与美国上市公司芯成半导体（ISSI）100% 股权的收购
	参与豪威半导体收购并入韦尔半导体
	参与闻泰收购 NXP 功率器件的收购（已过会）
	参与国内长园维安的收购

（二）以多种方式支持创新企业研发升级的项目扶持体系

上海科创投集团的项目扶持体系主要包括上海市科教兴市专项资金、上海市研发与转化功能型平台项目、市级科技重大专项、战略性新兴产业项目等。一方面，上海科创投集团投资管理 30 亿元上海市科教兴市政府重大战新专项，以资本金、贷款、课题研发等各种形式投资和扶持重点集成电路企业项目；另一方面，受托投资管理科创中心“四梁八柱”研发与转化功能型平台项目和市级重大科技专项，以多种方式支持平台型重点集成电路产业项目；投资可应用于集成电路领域的智能制造、工业控制、低碳技术等研发与转化功能型平台。

（三）以多重渠道为创新企业提供增值服务

增值服务主要包括融资担保服务、知识产权服务、平台联动服务，其中融资担保服务是依托市财政融资担保资金、融资租赁公司等为集成电路企业提供融资服务；知识产权服务是依托上海知识产权交易中心，提供 IC 产业 IP 交易、IP 产品数据库交易等知识产权服务；平台联动服务是依托科创集团集成电路多元投资体系、为基金与基金之间、项目之间，构建联动投资、产业链互动的良性机制。

二、上海国际集团：发挥子母基金集群效应，市场化支持科创发展

上海国际集团有限公司（以下简称“上海国际”）构建了独具特色的产

业基金群生态圈与创新投资生态系统，积极发挥产业基金对科技创新投资的集群效应和放大带动效应，将国有资本、产业资本、金融资本等要素有效串联起来，带动社会资金近万亿，以市场化方式支持了科创中心建设和科创企业发展[1]。

（一）以创新投资生态系统为媒介，持续培育科创板上市新动能

作为金融投资为主业的国有资本运营公司，上海国际构建以产业基金群、母基金平台与股权投资三位一体的创新投资生态系统，持续培育供给科创板优质上市资源新动能。

在整体布局科创投资体系方面，基于产业基金群，上海国际集团创设“科创”和“国方”两大母基金平台。“科创”母基金通过资本、管理、数据等多维度赋能的方式，注入央地合作资源和跨区域政府合作资源，极大地扩大产业基金群生态容量，实现基金群运作能级的全面提升。“国方”母基金打造平台母基金、全市场母基金及份额交易母基金的“三合一”母基金平台，是上海国际联结产业基金的重要战略枢纽。特别是由国方母基金负责管理的长三角协同优势产业基金打造长三角资本一体化生态载体，着力构建以上海为源头、辐射长三角的创新投资生态系统，引领产业链融合和一体化高质量发展。

在股权投资方面，上海国际聚焦战略新兴产业和金融科技两条主线，不断提高主动投资能力。一是结合国资运营和产融结合优势，上海国际集团投资多项“独角兽”项目，加强对被投公司的投后管理，全方位赋能科创企业发展，积极引导其申报科创板上市。二是前瞻性布局金融科技，倡议发起设立上海首家金融科技产业联盟，利用联盟内深厚的技术储备和产业纵深，打通和融合领先技术所在产业链和创新链。三是参与投资建设金融科技国际产业园和发起设立创新联合实验室，为金融科技企业提供良好的办公环境和

[1]《上海国际集团：创新赋能　凝聚高质量发展新动力》，《解放日报》2020年11月24日。

产、学、研、投一体化运作机制。

（二）以母基金平台信息化为手段，实现全生命周期的系统管理

一方面，上海国际旗下金浦投资携手国方母基金，构建了覆盖基金全生命周期的数字化、可追溯、全过程合规管控的“类区块链模式”的投资管理系统，形成了“有智慧”的管控平台。在金融领域强监管背景下，通过系统上线强化了内部风险控制管理，充分发挥母基金产品在信息积聚、资源整合等方面的优势，赋能优秀的基金管理人，通过对平台信息化建设的自我革新，落实投资全过程管控等有效实践，为公司建立扎实的长期竞争力，实现公司打造战略平台生态的愿景。

另一方面，上海国际围绕投资策略执行、底层项目跟踪、关键人士动态、投资协议落实、表决事项管理、定期报告分析、合规事项落实、重大事项监控等，着力加强常态化投后管理。同时进行管理双向赋能，即发挥母基金在科技创新领域的信息、资源等优势，在政策咨询、战略布局、资源对接、信息共享等方面加强对子基金及投资项目的增值服务，引导优秀科创企业与产业集团、央企国企等加强技术衔接和业务合作，双向赋能，既助推产业转型升级，又帮助前沿技术拓展应用场景、加快商业落地。

第四节　国资服务科创的四大策略建议

国有资本坚守功能定位，重点通过推动科研成果转化、加大对早中期项目的金融支持力度、加强对创新引擎企业的培育三大途径推进科创中心的建设，国有投资基金加快决策机制、考核评价、激励约束、容错纠错机制四大市场化改革。国有资本要面向社会开放资源，充分发挥自身优势，不断集聚人才、吸引资本，进一步打通创新链、应用链、价值链，更好地为上下游企业赋能，实现大中小企业联动，使国有资本成为支持科技创新的长期资本。

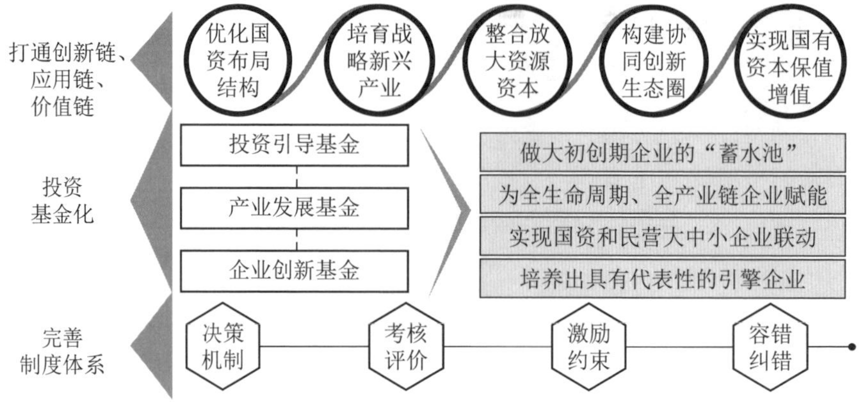

图 8-2 国资服务科创体系再升级

一、重点增强科技创新的策源功能

（一）集聚科技人才，推动科研成果转化

围绕战略性新兴产业，引进掌握关键技术、市场前景良好的创新创业团队项目。做好政策的上下衔接，加强与各类人才政策衔接，争取获得更多科技人才的资源支持。建设重点实验室、技术研究中心、创新中心等研发机构，承载科技人才，搭建推动科研成果转化载体，加大对科技成果应用与产业化的扶持。整合创新资源，形成人才群、创新群，实现人才、设备、信息、政策、成果共享，充分发挥人才的创新主体作用，打造助推产业发展的创新引擎和驱动器，共同推动科技成果转移转化。

（二）加大对早中期项目的金融支持力度

国有资本可以多种方式加大对种子期、初创期企业的金融支持力度，为“双创”项目提供股权、债权及信用贷款等融资综合服务。开展金融机构以适当方式依法持有企业股权的试点，设立政府引导、市场化运作的产业（股权）投资基金，积极吸引社会资本参与，鼓励金融机构以及全国社会保障基金、保险资金等在依法合规、风险可控的前提下，经批准后通过认购基金份额等方式有效参与。

（三）加强对创新引擎企业的培育

能不能培养出有代表性的引擎企业，是检验一个地区是否是科创中心的重要标志之一。国有资本要抓住科创板的有利时机，聚焦重点行业、优势产业和“四新（新技术、新产业、新业态、新模式）”领域，培育一批具有核心竞争力和较强国际经营能力的本土创新型跨国龙头企业，增强对全球创新活力和产业价值链的主导性、掌控力。以提升产业技术创新能力为主线，以工业化和信息化为支撑，以实体经济为导向，为创新引擎企业成长奠定坚实的产业基础。

二、发挥国有资本兼具“功能”与“市场”的特色优势

（一）推进功能性投资的战略布局

在政府合作框架下，国有资本应在基础科技领域有重大创新潜力、在关键核心技术方面有较强突破能力、在科技成果落地方面积极推进科创功能性投资的战略布局，发挥好主动投资和基石投资的作用。

（二）加大市场化子基金的投资力度

与国家科技成果转化引导基金、中国科学院控股有限公司等加强战略合作，共同推进子基金设立，深耕战略性新兴产业，促进科技创新。依托市场化子基金投资，有力支持科技产业发展。依据国家关于重点产业的导向，在相关领域积极布局，深耕产业链，培育挖掘有潜力的科创企业。

（三）重点发挥三大主体作用

在国有资本运作过程中，国有资本投资运营公司、国资基金和国有控股上市公司三大主体应发挥各自优势，借助市场化手段培育科技创新企业，形成科技创新闭环发展。国有资本投资运营公司通过优化资本进退、集聚国有资本的同时，提高资本的配置效率；国资基金通过吸引机构资本，引导社会资本，发挥国有资本孵化科创企业的放大效应；国有控股上市公司为国有资本提供了便捷的退出渠道，使退出的国有资本得以再次作为创新资本进行运作，进而培育更多的创新企业。

三、搭建创新协同发展的生态圈

（一）搭建科技创新产业协同发展平台、前沿技术研发平台

吸引、整合、优化创新资源，完善多层次、全方位的创新研发体系，构建完善的服务体系和合作资源，构建创新生态圈。集中力量、联合支持一些重大科学研究和技术开发项目，促进重大科研成果转化和新技术新产品的产业化，争取在较短的时间内有所突破，占据高新技术的前沿领域。

（二）打造产业创新培育的资本赋能体系

以母基金平台为基础，组建直接投资、创投基金、并购基金、产业基金等各类投资基金，搭建以多种载体投资各阶段创新创业企业的投资培育体系，形成全产业链的投资组合，投资阶段实现早期、成长期、产业投资、并购等所有阶段的全覆盖，积极促进产业协同，推动产业发展。

（三）以园区为摇篮建立多层次产业空间服务体系

探索新一代科技园区运营模式与标准，批量打造具备复合性功能和强大聚合力的“产业综合体”。依托园区建设及产业布局经验积累建立一整套完整的配套服务体系，注重各类功能要素、产业要素、生活要素的优化配置，为园区科技企业提供全方位、全生命链创新服务，重点围绕科技、人才、产业和金融方面，为企业提供双创服务、人才落户优惠政策、人才培训及招聘服务、综合信息交流服务、金融创投服务、知识产权服务、平台联动服务等增值服务，实现对科技企业多层次的产业空间服务。

四、营造国资支持科技创新良好氛围

（一）建立与科技创新投资相匹配的考核体系

健全创新规划体系，强化国资创新主体作用，将研发投入视同利润，每年安排国资收益投向科技创新。设立创新综合管理部门，突出长期投资导向，统筹创新发展工作。改进投前、投中、投后及退出阶段的考核指标和权

重，如考虑科创投资的特殊性，可适当延长国资基金退出期限。建立创新责任传递机制，纳入任期考核评价。

（二）建立国有资本服务科技创新的激励约束机制

设立创新人才专项资金。探索科技企业工资总额实行单列管理，据实列支。针对取得的科技知识产权，探索成果共享机制，约定职务发明中知识产权权益归属，探索对完成、转化职务科技成果作出重要贡献的人员给予奖励和报酬支出。依托技术优势参股成立公司，集中组织对科研团队、成果进行创业辅导和项目路演，推动科研成果转化，探索部分技术股份比例作为科研成果转化激励，为企业发行上市或挂牌转让奠定基础。进一步完善以知识价值为导向的分配机制，制定适合激励科研成果转化的薪酬机制，使得科技人员通过科技成果转化实现名利双收。坚持激励和约束相结合的原则，通过推进员工持股和强制跟投等方式，充分激发人才和技术资本的价值能动性。

（三）营造开放协同创新的发展氛围

充分利用国有企业丰富的应用场景和需求，加大开放创新协同力度，鼓励国有企业建设共性技术平台，建立面向社会的创新孵化平台，鼓励国有企业投入场地、资金、应用场景等创新资源参与科技创新，营造发展氛围，凝聚发展力量。

（四）建立鼓励创新、担当作为的容错纠错机制

正确看待和评价在科技创新工作中的失误错误，将因缺乏经验、先行先试出现的失误和错误，与明知故犯的违纪违法行为区分开来；把上级尚无明确限制的探索性试验中的失误和错误，同上级明令禁止后依然我行我素的违纪违法行为区分开来；把为推动科技发展过程中的过失行为，同为谋取私利的违纪违法行为区分开来。明确投资履职程序与职责，进行公开化、阳光化运作。对于探索性强、高风险的自主创新项目出现不能完成的情况，待依法履行决策程序后，探索有依据、有证明的予以免责，并且不纳入国有资产保值增值考核范围。

后　记

“资本”是能够带来剩余价值的价值，“资本”必须在流动中才能得到增值，才能实现最为“惊险的一跃”。管好“资本”，关键要在“资本”上下功夫，重点要兼顾发展、改革与监管。

从发展角度看，重点要优化资本布局、提高资本流动、推动资本转型。在此过程中，必须用好用活两大载体，一是国有资本投资运营公司，二是充分借力国资基金。其中，开展国有资本投资、运营公司试点改革，是改革国有资本授权经营体制的核心。为了有效发挥两类公司作用，必须主动对标世界一流标杆，必须坚持问题导向和目标导向相结合，重点在授权放权、市场化经营机制建设、细化配套政策和改革举措方面下功夫。国资基金是推动“管资本”转型的另外一支重要力量。国资基金的诞生，是适应国企改革发展新形势、新要求，切实发挥国有资本力量的有益探索和大胆尝试，是服务战略大局，优化国资布局，搭建合作桥梁，释放活力动力的创新举措。必须始终坚持市场化、专业化基金运作取向，探索优化符合投资行业特点的基金监管体系。

从改革角度看，重点要规范资本治理、激发资本活力。这其中，重点是建立和完善中国特色现代企业制度。关键举措，一是要充分发挥党委会核心引领作用，完善“双向进入、交叉任职”措施，细化前置研究讨论事项清单和权限，同时，坚持党管干部原则与董事会依法选聘经营层相结合，发挥党组织在选人用人工作中的领导和把关作用。二是不断完善规范董事会建设，提升董事会专业决策能力。优化董事会结构和人员构成，加强专职、专业化外部董事队伍建设，切实落实董事会职权，加强董事和董事会履职评价。三是突出经理层市场化经营机制，通过任期制、契约化和职业经理人制度建设，明责确权，对标市场，刚性考核，刚性兑现，畅通进入和退出机制。四是确保监事会有效监督，通过建立和完善专职专业监事队伍，提升监督效能；通过建立和完善内外部协同监督机制，构建大监督平台和运作模式。

从监管角度看，重点要维护资本安全、创新监管方式。一方面，要进一步按照“管资本”的重点任务，明确监督职责，完善责任追究制度，全方位加强出资人监督，防止国有资产流失。另一方面，要按照“明责—履职—授权—监管”的工作闭环，坚持清单化监管，建立以管资本为主的权力和责任清单；坚持精细化监管，“一企一策”分类授权放权；坚持协同化监管，加强出资人监督与纪检监察监督、巡视监督、审计监督及社会监督的有效衔接，形成监督合力；坚持数字化监管，实现信息化、数字化与监管业务的深度融合。

向“管资本”转型，方向明确，任重道远。让我们携手前行，理直气壮做强做优做大国有资本和国有企业！

罗新宇

2021年11月

图书在版编目(CIP)数据

向管资本转型:内涵与路径/罗新宇著. —上海:
上海人民出版社,2021
(上海智库报告)
ISBN 978-7-208-17417-7

Ⅰ.①向… Ⅱ.①罗… Ⅲ.①国有资产管理-监管制
度-研究-中国 Ⅳ.①F123.7

中国版本图书馆CIP数据核字(2021)第224027号

责任编辑 沈骁驰 官兴林
封面设计 汪 昊

上海智库报告
向管资本转型:内涵与路径
罗新宇 著

出 版 上海人民出版社
(201101 上海市闵行区号景路159弄C座)
发 行 上海人民出版社发行中心
印 刷 常熟市新骅印刷有限公司
开 本 720×1000 1/16
印 张 11.5
插 页 4
字 数 154,000
版 次 2021年12月第1版
印 次 2021年12月第1次印刷
ISBN 978-7-208-17417-7/F・2715
定 价 50.00元